中美贸易摩擦
怎么看 怎么办

人民日报海外版 编著

人民东方出版传媒

东方出版社

图书在版编目（CIP）数据

中美贸易摩擦：怎么看　怎么办 / 人民日报海外版编著 . —北京：东方出版社，2018.10

ISBN 978-7-5207-0578-3

Ⅰ .①中… 　Ⅱ .①人… 　Ⅲ .①中美关系—双边贸易—贸易战—研究 　Ⅳ .① F752.771.2

中国版本图书馆 CIP 数据核字（2018）第 199650 号

中美贸易摩擦：怎么看　怎么办

（ZHONGMEI MAOYI MOCA ZENMEKAN ZENMEBAN）

编　　著：人民日报海外版

责任编辑：杨润杰　杭　超

出　　版：东方出版社

发　　行：人民东方出版传媒有限公司

地　　址：北京市东城区东四十条 113 号

邮　　编：100007

印　　刷：香河利华文化发展有限公司

版　　次：2018 年 10 月第 1 版

印　　次：2018 年 10 月北京第 1 次印刷

开　　本：710 毫米 ×1000 毫米　1/16

印　　张：18

字　　数：240 千字

书　　号：ISBN 978-7-5207-0578-3

定　　价：58.00 元

发行电话：（010）85924663　85924644　85924641

目录 CONTENTS

目 录

PREFACE 序

看透了，临大事就不乱

特朗普政府一意孤行，在2018年7月6日打响对华贸易战第一枪后不断加码，企图靠极限施压和讹诈逼中国就范。从中方的反应看，中国政府看透了这场贸易战，沉着应对。

中方看透了贸易战的"必然性"。美方不愿看到中国发展壮大，更不愿看到中国超过它，极力维护自己的长期霸权地位和所谓战略优势。美方既要从中方攫取经贸利益，更要打压中国的发展。特朗普政府认定中国是"战略竞争者"，在地缘政治、战略安全、经贸科技、意识形态等方面对美形成"威胁"。这种零和思维之下的对华战略不以中国意志为转移。中方只能丢掉幻想，坚决应战。

中方看透了美方的"两面性"。美国对华政策历来具有两面性，一面要接触、对话、合作，另一面又要防范、打压，抑制不住遏华、对抗的冲动。特朗普政府出牌不按"常理"，花样翻新，但对华政策也脱不了这一"套路"，对华要"两手"，不断摇摆。美方这些天一方面发表声明要提高对中国输美产品征税税率，另一方面四处散风要和中方恢复谈判，对中方玩弄软硬兼施的两手策略。中国坚持"以两手对两手"，以斗争促谈判。

中方看透了贸易战的"艰巨性"。看透了，就有底了。世界经济史上最大规模的贸易战强加于中国头上，给中国的经贸利益必然造成损失，必然为中国经济转型平添新的复杂因素，但"艰难困苦，玉汝于成"。中国从站起来、富起来到强起来，历经各种艰难困苦，斗争的艰巨性从来没有阻挡前进的步伐。任何外部压力，中国人民最终都能将其转化为促进发展的强大动力。中国的发展绝不可能靠别人"恩赐"。面对外来强权压力，中国具有强大的承受力，会坦然应对中国崛起之路上的这一沟坎，接受大国成长之路上的这一考验。

中方看透了贸易战得失的"辩证性"。中国向来认为机遇与挑战并存，一贯认为挑战可以转化为机遇。面对美方的挑衅，中方会斗智斗勇，但不斗气，不图一时之痛快，不争一日之短长。在中美贸易战中，中方站在正义一边，世界发展大势站在中方一边。中国不会盲目自信，更不会无谓恐美。中国坚持改革开放大方向不会变，坚持苦练内功、强基固本不会变，坚持和平发展道路不会变，完全可以化"危"为"机"，加速实现高质量发展。

中国历史悠久，战略文化深厚，积累了丰富的对外斗争经验。二十世纪三四十年代，毛泽东对中国抗日战争诸问题作了深入研究后，得出"抗日战争是持久战，最后胜利是中国的——这就是我们的结论"。在二十世纪八九十年代，以美国为首的西方国家对中国施加制裁，大有"黑云压城城欲摧"之势。邓小平坚信"谁也压不垮我们"。事实证明，中国不但没有垮、没有乱，而且发展得更快更稳更好了。

进入新时代，面对复杂的国内外环境，习近平强调要有"乱云飞渡仍从容"的战略定力，做到"临大事而不乱"，明确指出："我们看世界，不能被乱花迷眼，也不能被浮云遮眼，而要端起历史规律的望远镜去细心观望。"在中国前所未有地走近世界舞台中央、接近实现中华民族伟大复兴的目标，世界处于百年未有之大变局之际，敏锐的洞察力、清醒的判断力、果断的决策力、坚定的执行力将会成为中国破解贸易战、砥砺前行的保障。

也许，"不打不相识"。中美历史上交手多次，特朗普政府对华搞极限施压、讹诈、抹黑、妖魔化这一套对中国不起作用。

（摘编自《人民日报海外版》2018 年 8 月 9 日，作者：贾秀东）

CHINA-US
TRADE FRICTION

第一编

中美贸易摩擦
大事记

2018 年 7 月 6 日，美国政府对 340 亿美元中国输美产品加征 25% 关税，打响贸易战第一枪。当前，美国将遏制中国崛起作为首要目标，可以预见，这场世界经济史上规模最大的贸易战将长期化、常态化。

　　简单梳理中美贸易摩擦大事记，不难发现，美国特朗普政府对中国贸易战的清晰轨迹和不断加码升级的过程，以及中国被迫起而应对的立场和举措。

第一编
中美贸易摩擦大事记

2015 年，特朗普在竞选宣言中 21 次提到中国，认为中国抢了美国的工作，损害了美国经济，要大幅度提高对中国产品的关税。

2017 年 8 月 18 日，美国贸易代表罗伯特·莱特希泽宣布，正式对中国发起"301 调查"[1]。美国贸易代表办公室当日发表声明说，将调查中国政府在技术转让、知识产权、创新等领域的实践、政策和做法是否不合理或具歧视性，以及是否对美国商业造成负担或限制。

2018 年 1 月 11 日，美国商务部公布进口钢铁对国家安全产生威胁的调查报告。

1 月 22 日，美国贸易代表莱特希泽表示，特朗普已批准对进口大型家用洗衣机及进口太阳能电池与电池板征收保护性关税的建议。莱特希泽当日在一份声明中表示，这一决定是在美国国际贸易委员会调查后作出的。对这两种进口产品征收的保护性关税，第一年将以更高的税率启动，然后在随后几年逐渐下降。第一年，进口洗衣机在 120 万台以内，征收 20% 的关税，超出 120 万台征税 50%。对于进口太阳能电池与电池板，美国将对超过 2.5 千兆瓦的产品第一年征税 30%，随后的三年里分别降至 25%、20% 和 15%。此举对世界最大的太阳能电池板生产国——中国影响巨大。

2 月 4 日，中国商务部分别发布 2018 年第 12 号和第 13 号公告，决定对原产于美国的进口高粱进行反倾销反补贴立案调查。

2 月 16 日，美国商务部提出几项可能旨在限制中国钢铝出口的措施，

---

[1] "301 调查"即"301 条款"，是美国《1974 年贸易法》第 301 条的俗称，一般而言，"301 条款"是美国贸易法中有关对外国立法或行政上违反协定、损害美国利益的行为采取单边报复措施的立法授权条款。

包括惩罚性关税、进口配额等。但有报道指出，钢铝关税伤害更多的是欧盟、加拿大、墨西哥。

3月1日，美国宣布计划对进口钢材关税增加25%，对进口铝材关税增加10%，中国受到影响的产品价值总额大约27亿美元。中国对此予以严重警告。

3月8日，特朗普宣布准备根据"232调查"[1] 对钢铁和铝制品分别加征25%和10%的关税。虽然此次加征关税并非仅仅针对中国，但却揭开了中美贸易战的序幕。

3月22日，美国贸易代表办公室（USTR）公布《中国贸易实践的301条款调查》，认定中国政府在技术转让、知识产权和创新相关的行动、政策和实践是"不合理或歧视性的，对美国商务形成负担或限制"。

3月23日，美国总统特朗普签署了一份针对中国经济的总统备忘录，宣布就中国在钢铁、铝贸易和知识产权方面的行为，向500亿美元的中国对美出口商品征收惩罚性关税，同时限制中国对美直接投资。作为对美国加征钢铝制品关税的反击，中国政府公布了对价值30亿美元的美国商品加征关税的清单，并征求公众意见。

4月2日，中国宣布对美国128种产品、总值大约27亿美元的商品进行相似的关税对待。它们主要是水果和猪肉等农产品。

4月4日，美国政府依据"301调查"单方认定结果，宣布将对原产于中国的约1300种进口商品加征25%的关税，涉及约500亿美元中国对美出口商品。征税清单涉及中国信息和通信技术、航空航天、机器人、医药、机械等高科技产品，包括"中国制造2025"的战略产业。

4月4日，中国驻美大使崔天凯会见美国代理国务卿沙利文。崔天凯

---

[1] "232调查"，指美国商务部根据1962年《贸易扩展法》第232条款授权，对特定产品进口是否威胁美国国家安全进行立案调查，并在立案之后270天内向总统提交报告，总统在90天内作出是否对相关产品进口采取最终措施的决定。

要求美国及早摒弃单边主义、贸易保护主义的做法，停止对华"301调查"，通过对话协商方式同中方解决相关分歧。

4月4日下午，中国宣布对大豆、汽车和化妆品等106类产品、总值500亿美元的美国商品征收对等的关税。中国机电产品进出口商会等机构强烈谴责美国的征税行为。

4月5日，美国政府的贸易谈判代表宣布对中国另外1000亿美元的产品增加关税，但是没有公布具体细节。

4月5日，中国就美国进口钢铁和铝产品的"232措施"，向美方提出世界贸易组织（WTO）磋商请求，正式启动WTO争端解决程序。同日，中国也就"301措施"提出WTO磋商。当天，纽约三大股指暴跌。

4月16日，美国商务部宣布对中兴通讯实施制裁。

4月18日，美国表示已同意就加征关税措施与中国在WTO争端解决机制下进行磋商。

4月27日，美国贸易代表办公室发布了关于知识产权保护的《特别301报告》，美方单方面对其他国家的知识产权状况进行评判和指责。

5月2日，美国代表团抵京。在中美第一次谈判中，美国实施特朗普的贸易战略，对中国漫天要价。其具体要求是：

——从2018年7月开始，每12个月至少减少1000亿美元。到2020年底，同2018年底相比，美国对华贸易逆差至少减少2000亿美元。

——截至2020年7月1日，中国的进口关税降至等于或低于美国对同一货物的关税水平。

——立即取消对"中国制造2025"确定的10个高科技制造业部门的补贴和其他政府支持。

——取消对在华经营的外国公司的投资限制，包括外国公司在中国本地合资公司的股权上限；在2018年7月1日前发布改进后的"负面清单"（所谓的"负面清单"，是指对外商投资完全关闭或有条件开放的产业部门，所有在这个清单中没有提到的经济部门都将对外国投资开放）。

——中国于2019年1月1日前停止有关知识产权的特定政策和做法（强制技术转让、合资企业要求等）。

——中国于2019年1月1日前撤销《技术进出口管理条例》和《中外合资经营企业法实施条例》中美国在WTO磋商所指认的条款——即根据美国要求修改上述条例。

——中国于2018年7月1日前撤回向WTO提出的磋商要求。

——中国将不对美国针对中国知识产权问题所采取的贸易和投资措施采取任何反击行动。

——同意立即停止对美国技术和知识产权的网络、经济间谍、仿冒和盗版活动。对实施以上措施的进展进行季度评估；如果中方完不成承诺，美方可以施以关税惩罚。同意遵守美国的出口管制法。

——不反对、挑战和报复美国对中国对美技术和国家安全敏感部门投资实行的限制。

——在2018年7月1日前，中国将公布外国投资负面清单。在清单公布的90天内，美国将核查依然存在的对美国不公的投资限制。中国在接到美国的问题清单之后，将根据中美共同决定的时间表积极消除这些限制。

——2020年7月1日前，中国将把非关键部门所有产品的关税降到不高于美国同类产品的水平。中国认可美国可能将对关键部门产品（包括同"中国制造2025"有关的产品）进口施加限制或征收关税。

——中国知道若未能履行本协议，美国将会对中国进口征税并采取其他适当措施。中国承诺将不会对此采取反制措施。

这不是谈判，而是最后通牒！中方的立场是：

——中国将降低从美国进口汽车和其他产品的关税，并大量进口美国的货物和服务；条件是美国采取如下后续行动：a）撤销对中国的高科技出口禁令，尤其是集成电路产品的出口限制；b）向中国的IT产品开放美国政府采购；c）在 2018 年 5 月 31 日之前恢复中国对美国的熟制禽肉出口；等等。

——通过以下措施增加双边服务贸易：双方成立服务贸易工作组；在海南自贸区向外资开放服务业（医疗保健、养老、建筑设计、环境保护等）；在 15 个地区开展跨境服务贸易试点；扩大中国对美国电影的进口。

——加强与美国的知识产权合作，但中国在其入世协议下对合资和股比政策不应被视为"强制性技术转让"。

——修订美国对中兴通讯的限制，确保半导体行业的全球供应链。

——要求美国停止使用"替代国"作为对中国产品反倾销调查的基准（换句话说，实际上承认中国在 WTO 下的市场经济地位）。

——终止"301 条款"对中国知识产权问题的调查，并撤销调查下的任何关税计划；承诺在未来不对中国发起任何"301 条款"调查。

中国代表团拒绝了美方的无理要求，但为了避免贸易战，也做了必要的让步。而美国也从"漫天要价"转向"坐地还钱"。会谈公报表示："双方就扩大美对华出口、双边服务贸易、双向投资、保护知识产权、解决关税和非关税措施等问题充分交换了意见，在有些领域达成了一些共识。"

5 月 13 日，特朗普发推特说，将帮助中兴。他说，他想从中国得到贸易退让的结果，以换取对中兴的解禁。但是，特朗普的这个决定遭到美国国会的坚决抵制，国会反对在国家安全问题上作任何妥协。美国政府要员公开宣布，反对避免贸易战的说法，并进一步提高对华要求，声称中国进行经济"掠夺"，开始为全面的贸易战造势，并提供理论依据。

5 月 15 日，国务院副总理刘鹤率团赴美进行第二轮谈判。达成的协议包括采取有效措施实质性减少美对华货物贸易逆差，中方将大量增加自美购买商品和服务，有意义地增加美国农产品和能源出口。双方就扩大制造业产品和服务贸易进行了讨论，同意为上述领域达成共识创造有利条件。中方将推进包括《专利法》在内的相关法律法规修订工作。双方同意鼓励双向投资，将努力创造公平竞争营商环境。继续保持高层沟通。外电则透露，中国拒绝了美方要求中国减少贸易逆差2000亿美元的要求，但同意增加能源和农产品进口，进口额接近700亿美元。中美并未解决所谓"知识产权盗窃"问题。中国拒绝了美国的中国在国企改革、产业补贴、强迫技术转让、产能过剩四个领域做更实质性改变的要求。

5月29日，白宫发表声明称，将于6月15日公布对500亿美元中国商品征收25%关税的产品清单；6月30日前公布限制中方对美投资及加强对华出口管制措施。中国商务部立即指出，这一声明显然有悖于不久前中美双方在华盛顿达成的共识。

5月30日至6月2日，中美进行了第三轮谈判。美国商务部长罗斯和中国国务院副总理刘鹤在结束两天的讨论后，没有发表联合声明。美国代表团没有发表评论就启程回国。新华社在一份简短的声明中表示，罗斯和刘鹤取得了"具体的进展"。但新华社也警告称，如果美方出台包括加征关税在内的贸易制裁措施，双方谈判达成的所有经贸成果将不会生效。在经过三轮会谈之后，中美贸易战一度出现停战迹象。但希望很快破灭。

6月6日，特朗普不顾国会反对，同意解除中兴七年禁售令，但条件是10亿美元的罚款、4亿美元的资金托管以及管理层的全部撤换。

6月15日，美国政府宣布将于7月6日执行对4月4日清单上的500亿美元中国进口商品加税25%。数分钟后，中国商务部宣布将对美国出台"同等规模、同等力度"的征税措施，双方此前磋商达成的所有经贸成果将同时失效。

6月16日，针对美国6月15日的决定，中国国务院关税税则委员会发布公告，决定对原产于美国的659项约500亿美元进口商品加征25%的关税。对美农产品、汽车、水产品等545项商品，自7月6日起实施加征关税；对美化工品、医疗设备、能源产品等114项商品加征关税，实施时间另行公告。

6月18日，美国宣布，如果中国保护，就考虑对2000亿美元的中国产品增加10%关税；如果中国再反击，则要对另外2000亿美元的中国产品追加额外关税。

6月19日，中国商务部发言人就美白宫6月18日声明发表谈话，声明如果美方丧失理性、出台清单，中方将运用数量和质量结合的方式予以反击。

6月27日，美国有媒体报道，特朗普要求议会立法禁止中国对美技术产业投资。后来，美国政府澄清那是误传，并指出，美国政府要求议会运用现有手段，强化对未来技术投资的审批。

7月5日，美国贸易代表办公室表示首批对华关税340亿将如期实施；美国总统特朗普在空军一号上对记者也作出如此表述，并指出，第二批160亿将在两周内生效；还说，如果中国反击，他还将考虑对5000亿美元的中国进口商品征收额外关税。"首先是340亿，两周后是160亿，然后我们有2000亿待定关税，2000亿之后我们还有3000亿待定关税。好吗？所以我们有500亿加2000亿加近3000亿。这只是对中国。"此前，特朗普表示，他希望同中国签署协定，但是必须签订一个对美国有利的协定。

7月6日（美国当地时间），根据美国海关和边境保护局消息，00：01，对第一批清单上818个类别、价值340亿美元的中国商品加征25%的进口关税。作为反击，中国也对同等规模的美国产品加征25%的进口关税，并在北京时间7月6日12：01开始正式实施。这意味着，迄今为止世界经济史上规模最大的贸易战正式打响。

7月9日，中国商务部新闻发言人应询介绍缓解受中美贸易摩擦影响的有关政策考虑。

7月10日，美国贸易代表办公室发表《关于301调查的声明》。该声明中，美方指责中国"不公平贸易""对美方合理诉求置之不理"，指责中方反制行动没有国际法律依据，指控中国"盗窃知识产权""针对在华外企强制性技术转让"等。中国商务部 12 日发表声明，对美方指责逐条予以驳斥。

7 月 11 日，美国 USTR 发布对价值 2000 亿美元的中国商品征收 10% 的进口关税清单。新关税不会立即生效。听证会将于 8 月 20 至 23 日举行。征税清单长达 195 页，涉及服装、电视零件、冰箱等消费品以及其他高科技产品等 6031 个税目（不包括手机等一些备受关注的产品）。这扩大了卷入两国贸易争端的商品的类型。

7 月 11 日，中国商务部表示，美方以加速升级的方式公布征税清单，是完全不可接受的，中国政府将一如既往，不得不作出必要反制。同时呼吁国际社会共同维护自由贸易规则和多边贸易体制，共同反对贸易霸凌主义，并将立即就美方的单边主义行为向 WTO 追加起诉。

7 月 19 日，针对美方官员"中美贸易谈判破裂责任在中方"的指责，中国商务部新闻发言人高峰指出，美方一边举着关税大棒，在全世界实行贸易霸凌主义；一边又不断标榜自己的委屈和无辜，把所有的责任扣到对方头上。"从整个过程的实际情况来看，正是美方言而无信和反复无常，关上了双方谈判的大门。"

7 月 20 日，美国总统特朗普在接受媒体采访时表示，他已准备好对进口自中国的 5000 亿美元商品征收关税。这 5000 亿美元相当于 2017 年全年中国出口到美国全部货物的总价值。对此，中国外交部发言人耿爽回应称："对于美方执意挑起贸易战，中方'不愿打、不怕打、必要时不得不打'的立场非常坚定、明确。我只讲两句话：第一，中国不是吓大的，中方有能力、有信心维护中国人民的利益。第二，我们奉劝美方保持冷静，通过理性的态度来处理和解决有关问题。"

7 月 24 日，美国农业部宣布，将对受关税影响的美国农牧场主提供 120 亿美元的短期紧急援助。这些项目将包括直接向农民付钱、贸促措施以及购买食物。

7月25日，美国就对160亿美元中国进口商品加征关税举行听证会。

7月26日，针对美国威胁将对我国5000多亿美元商品加征关税，中国商务部新闻发言人高峰表示，这种典型的极限施压和讹诈的方法，对中方不会有任何作用，中方将坚决捍卫国家核心利益和中国人民利益。

7月28日，中国新的外商投资准入负面清单开始生效，按照年初计划的步调全面实施准入前国民待遇和负面清单制度，取消指导目录形式的外商投资管理，准入管理中只留下一份负面清单。负面清单中没有提及行业，对外资和内资一视同仁。中国在新的负面清单中，将过去限制类和禁止类的63类管制领域减少到了48类，总计在22个领域放开投资限制。这些开放措施，有力地支持了中国对外开放的大门越开越大。

8月1日，美国贸易代表莱特希泽发表声明，拟将对2000亿美元中国产品加征关税税率从10%提高至25%。

8月3日，中国商务部发布公告，对原产于美国的5207个税目、约600亿美元商品分4个等级分别加征5%、10%、20%、25%的关税，其中近一半的2400多个税目商品税率高达25%，囊括农产品、化工品、纺织品、电子产品和日常用品，覆盖原材料和中端消耗品。

8月7日，美国贸易代表办公室公布对价值约160亿美元的中国产品加征25%关税的清单，从23日起正式实施。8月8日，中国商务部发言人发表谈话，指出这是美方又一次将国内法凌驾于国际法之上，是十分无理的做法。为维护自身正当权益和多边贸易体制，中方不得不作出必要反制，决定对160亿美元自美进口产品加征25%的关税，并与美方同步实施。另据美国财政部最新公布的6月份美国国债数据：中国——美国国债第一大持有国，减持44亿美元，现持有1.1787万亿美元，为2018年2月以来最低水平。

8月22日至23日，中国商务部副部长兼国际贸易谈判副代表王受文应美方邀请，率团访美，与美国财政部副部长马尔帕斯率领的美方代表团，就双方关注的中美经贸问题进行了建设性的、坦诚的交流。

针对有外媒称美方近日向中方发出磋商邀请，商务部新闻发言人高峰9月13日表示，中方确实已经收到美方邀请，双方就一些具体细节进行了沟通。

美国东部时间9月17日下午，美国总统特朗普正式宣布将对产自中国的2000亿产品加征10%关税，一周后的9月24日生效。这一税率实行到年底。2019年1月1日起税率将提高到25%。特朗普还称，如果中国采取反击行动伤害"美国农民和其他产业"，美国将对中国产2670亿商品加征关税。据悉，价值2000亿美元的商品清单涉及6031项产品，占据了中国2017年向美国出口总额的38%—46%。

9月18日，中国商务部发言人发表谈话，对美方此举"深表遗憾"，为了维护自身正当权益和全球自由贸易秩序，中方将"不得不同步进行反制"。

9月24日0时1分，美国政府对约2000亿美元中国商品加征10%的关税措施正式生效。同时，中国政府对原产于美国约600亿美元进口商品实施加征5%—10%不等关税的措施正式生效。当天下午13时，中国国务院新闻办公室发布《关于中美经贸摩擦的事实与中方立场》白皮书，旨在"澄清中美经贸关系事实，阐明中国对中美经贸摩擦的政策立场，推动问题合理解决"。

……

（以上内容，摘编、综合自财新网、商务部网站、人民网、新华网等相关信息）

CHINA-US
TRADE FRICTION

第二编

特朗普的
荒谬剧本

2018 年 7 月 6 日，一艘载有上万吨美国大豆的货船在黄海上疾驰，上演了一场"奔跑吧大豆"的戏码。为什么要"奔跑"？因为时间就是金钱。美国 7 月 6 日开始对 340 亿美元中国产品加征 25% 的关税，中方将实施对等反击性清单。如果这艘船在北京时间 6 日 12：01 前靠港清关，就能省下几千万人民币的关税！

　　可这艘船最终也没有跑进 12 点……

　　特朗普政府执意挑起这场人类经济史上规模最大的贸易战，表面上看是中美之间的巨额贸易逆差和美国中期选举的需要，但更深层的原因在于美国已将正在崛起的中国视为战略竞争对手。这是决定特朗普荒谬剧本"歪心歪理"、步步紧逼的主要因素。

　　"伤敌一千，自损八百。"特朗普为什么要放弃全球最大的市场？其民意基础是什么？此"药方"真的能让美国再次伟大？贸易战步步紧逼，美国此举是否导致中美走向全面的对抗？这些问题，美联储前主席格林斯潘、中国证监会副主席方星海、新加坡国立大学东亚研究所所长郑永年、商务部研究院研究员梅新育等人从不同侧面予以解读。

我为什么反对特朗普打贸易战

2018年7月6日，中美贸易战开打，对于这场中美贸易战，美国国内反对声音不小。7月7日，在第四届中国财富论坛上，前美联储主席格林斯潘表达了他对贸易战的忧虑。他认为："美国对外施加的关税，实际上是由美国国民在买单。美国应该停止继续施加高关税。如果不削减，美国之前所有的，从企业营业税减税以及减少监管所得到的发展上的优势，包括各项节约和投资，都会被关税政策抵消。"

所谓的贸易战，在中国和美国之间刚刚开始，起因我就不赘述了，大家都非常清楚。

但是我想讲一讲它所引起的一些变化，以及背后的本质是什么？

首先，钢铁和铝行业对它的反应，这其实是一个潜在的政治问题。我们发现，钢铁和铝在美国总统看来，是非常重要的一个领域，必须要在这个领域做得更好。为什么？

给美国总统投票的选民主要在美国的铁锈地带，也就是在美国的中部，其次是偏东部的地区。这些选民应该得到严密的关注，钢铁和铝行业所呈现的趋势与他们紧密相关。

比如，对于钢铁来说，美国总的钢铁产量占全球产量的比例从 1976 年的 23%，下降到了 2015 年的 5%。另一方面，中国的钢铁产量所占比例从 3% 增长到 50%。

我们在铝行业看到类似趋势。对于美国来说，铝的产量曾经占全球产量的 40%。但是到 2016 年的时候，已经下降到了 3%。相反，中国产量所占比例则从 1960 年的 1.5% 增长到 2016 年的 40% 多。这样的变化是有非常显著的政治影响的。

对于美国总统来说，他必须要作出一些反应，慢慢地演变成了两大经济体间的贸易战，现在有所扩散，我们也知道它的影响力逐渐扩散，但是我们并不明确未来会有什么样的动向。

但是，在探讨这个问题之前，我想跟大家介绍一下美国的经济展望。

我要给大家呈现美国的现状。中国和美国人均国内生产总值（GDP）的变化，其实能够很好地反映人们的生活水平。中国人均 GDP 占全球增长的比例也在不断上升，而美国则在下降。这对美国的政治体系造成了非常深远的影响。为什么会这样呢？

首先，中国能够以这么显著非凡的速度增长，意味着中国的产出，就是中国的资本投资效果是非常显著的，这是所有经济增长的根本动力所在。

我们可以比较两国的储蓄率。在美国，我们的储蓄大约占 GDP 的 20%，而中国的比例则明显高很多，特别是在最近几年。这也告诉我们，当你得到的资本越多，投资就越多，经济增长也会显著增加。但基本的储蓄以及投资的显著增长，对美国来说是一个很大的谜题——为什么中国人这么喜欢储蓄？

但美国的 GDP 增长又来自哪里？对于美国经济来讲，路在何方？

我们可以看美国的社会福利支出和总储蓄占 GDP 的比重，两者差距在缩小。随着我们的福利越来越多，我们的总储蓄就受到了影响，它正在挤压储蓄占 GDP 的空间。因为美国的律法决定了福利的支出，所以福利并没有受到压缩。美国现在是福利挤压储蓄的空间。

很明显，这是一个非常不同寻常的现象。在现有的立法之下，据我所看到的未来，社会福利占 GDP 的支出还会不断上升，这也就意味着总的国民储蓄在 GDP 的占比将会不断下降。国民储蓄能够为投资提供融资，这方面中国就有非常大的优势；而美国储蓄在下降，美国的优势就没有那么大。

在 1980 年之前，美国储蓄对投资的影响非常明显。但自从 1980 年之后，储蓄并不是唯一一个推动国内投资的因素，或者应该这么说，它并不再是历史上我们能够看到的唯一影响因素。1983 年或 1986 年之后，我们看到，对于资本投资来说，它找到了另外一个很重要的动力，就是借贷。我们开始更多地借贷为资本投资融资，从而推动 GDP 增长。

美国资本账户的亏损到 1990 年之前都是比较适中的，但在这之后，我们看到美国在全球的借贷金额已经达到了 8 万亿美元。但最近我们在季度数据中可以看到，美元的这些债权国不再像过去一样为美国融资了。

为什么出现了这些变化呢？资本存量是生产力增长的一个基础。但生产力的增长已经有了比较明显的减速，包括很多的西方国家，都出现了这样的现象——过去五年，个人生产力增速不超过 1% 的现象。换句话说，这是生产力增长停滞不前。这也是为什么很多西方国家，包括欧洲、美国出现了非常显著的民粹主义问题。

现在民粹主义正在席卷美国大陆，同时也在席卷西欧国家，而且还在不断扩散。民粹主义并不是一个新鲜的事物，它是一种哲学思潮，但是不同于共产主义、社会主义或者是资本主义，民粹主义并不是固定的，或者在哲学方面并不是非常稳定的一种思潮。民粹主义实际上是对于帮助的一个需求，对帮助的一个呼喊。在美国、西欧以及其他国家，实际上反映了当地的人民头脑中灰暗的未来。任何一个政客能够站出来迎合这个思潮，就能得到更多的选票。过去几年我们看到很多这样的现象，主要在南美和北美，现在欧洲也面临这样的挑战。

这实际上并不是理性分析就能够帮助我们理解的，而且我们也很难去捕捉到问题的核心。我觉得最好的方法就是承认这是非常不寻常的现象。这是这个时代出现的根本性的变化。

接下来，我想简单谈一谈关税，以及关税给我们带来的令人恐惧的问题。

美国一些政府人员认为关税是他们阻碍中国发展的一个方式，但实际上并不是这样。当你去施加关税的时候，实际上就是一个短期的税负。现在，我们看到关税不仅仅被施加在一些比较小的商品里面，像是钢铁、铝，而且它现在已经扩大到几乎所有的商品。

这里面很重要的一点就是有些人说，不仅仅是美国政府，其他政府也有这样的想法，当你增加税的时候，你想给出口商品的国家制造麻烦，但实际上，这个关税是由你自己的国民在买单。在我看来，当你提升关税的时候，实际上你也影响到了施加关税国家的购买力，换句话说，如果有人说想要施加十亿、百亿美元的关税，这就相当于对你自己的国民收十亿、百亿美元的税。我们认为这是政治上无法接受的，它并不是很容易能够实施的。

这就像是一个非常大规模的税负。我们从历史的经验中能够看到，你能够对经济收税，而增税会导致经济陷入衰退。我们现在已经接近了这一点。

所以，我认为应该停止继续施加高关税。美国这样的关税政策，不仅仅会影响到美国本身，也会影响到欧洲、亚洲，尤其是中国，它可能会有一些积极影响，看到一些统计数据上逆差的改善，但这就是问题所在。如果不削减关税，美国之前所有的，从企业营业税减税以及减少监管所得到的发展上的优势，包括各项节约和投资，都会被关税政策抵消。关税可以变得非常高，但也会导致经济增长的停滞，这是现在重要的问题。

中美贸易战是我们曾经经历过的最大一场规模的贸易战，我想大家也没有办法从曾经经历的其他贸易战中推测出这场战争的影响到底有多远。这种战争会带来经济下滑，整个西方世界可能都会陷入这样的经济问题。我认为在真正开启这场战争之前，我们一定要及时止损，不然会遇到更严重的问题。我只能说"希望在未来"。

（摘编自侠客岛 2018 年 7 月 7 日，作者：[美] 艾伦·格林斯潘）

特朗普打贸易战的民意基础从何而来？

2018 年 7 月 7 日，前美联储主席格林斯潘公开发言，称"美国对外施加的关税，实际上是由美国国民在买单""钢铁和铝行业对贸易战的反应，实际上是一个潜在的政治问题"。实际上，持同样观点的，还有中国证券监督管理委员会副主席方星海，在由《财经》杂志主办的中国财富论坛上，他同样明确指出：美国打贸易战有深刻的国内政治基础。

美国政治进入"民粹主义"

今天或这段时间，是一个很特殊的时间，大家知道国际形势在发生很大的变化，财富管理本质上是一个资产配置的过程，跟国际政治、经济形势密切相关。大家在讨论美国的对外政策的变化的同时，也在问是什么导致了美国发生这样的变化？我今天想针对美国对外政策的变化，探究一下其国内政治的原因。我们说外交是内政的延伸，任何国家对外政策的变化，都取决于内政。

现在的国际经济体系，是第二次世界大战以后美国主导创立的，这个

特朗普的荒谬剧本

国际经济体系起先——20 世纪 70 年代之前——对美国普通老百姓是有益的，是美国普通老百姓都获益的一个经济体系。因为那时候美国经济，特别是工业非常强大，在全世界没有什么竞争对手，所以美国的整个外贸逆差，是 20 世纪 70 年代以后才开始的。

20 世纪 70 年代之前，美国外贸大部分是顺差的。当时有一个说法，说美国一个高中毕业生，能够在福特汽车公司找到工作，就能够很舒服地养活一个四口之家。但是后来，欧洲、日本发展起来了，到了 20 世纪 80 年代之后，中国也发展起来了，美国工业的竞争优势就没有了。

而且这个竞争优势丧失，还是在美元大幅度贬值情况下发生的，现在是一美元兑 110 多日元，以前是兑 360 日元。外贸赤字持续，这是很大的一个问题。也就是说美国的竞争力在削弱，什么原因呢？格林斯潘先生刚才说得很清楚了，因为美国储蓄不足、投资不足，投资不足当然导致劳动生产率增速下降。

美国近四十多年来，靠什么维持他的生活水平呢？如果把美国比作一个家庭的话，它挣得少，花得多，怎么办？那就卖资产，家当可以卖，或借钱。所以美国现在净外债——刚才格林斯潘先生有一个数字——已经积累到 9 万亿美元。

当然美国有一个好处，美元是国际储备货币，可以印钞票付债务。所以我刚才问格林斯潘，人民币国际化对美国有什么影响。他回答了一个问题，但没有回答另一个问题，就是美元不是唯一主要储备货币后，是否有助于倒逼美国提高储蓄率。

当然，说美国的工业总体竞争力在下降，也不是说美国所有行业国际竞争力都不行。大家知道美国的高科技、美国的军工、娱乐行业、金融、农业，这些的国际竞争力都是很强的。但是这些领域吸纳的就业人口是有限的，而且这些领域在国际经济体系中产生的收益，其实也为美国少数人所拥有。所以在美国总体的竞争力下降、外贸逆差、外债增加的前提下，收入分配变得不均，而且越来越不均。

诺贝尔经济学奖获得者约瑟夫·斯蒂格利茨教授的研究表明，从 1978 年到 2018 年四十年里，美国 50% 的人口的实际收入是下降的。你想想看这样的事情如果发生在中国是一个什么概念。我想在任何国家都是要发生革命了。所以美国国内有一大部分人是充满着愤怒的情绪，因为他们的收入下降。

特朗普利用了收入比较低的这些人，利用这些人的不满和恐惧，当上了美国总统。当总统以后，他和他的谋士就感到现有的国际经济体系，是必须要改变的，因为它导致美国不断的外贸逆差，也导致美国国内收入分配极度不均，而且好像把中国等非西方国家都发展起来了。

所以现在我们看增加关税，这只是第一步，我感到美国有些人的长远目标是要把 WTO 这样的体系都冲垮。当然，新的替代体系是什么，我觉得他们也没有想好，但是肯定是朝这个方向走的。而且，美国国内的政治，现在是谁对这个国际经贸体系发起冲击，谁就政治上得分。

格林斯潘先生刚刚说，这是美国政治进入了民粹主义，大家请注意格林斯潘对民粹主义下了一个非常好的定义，民粹主义跟其他主义不同之处在哪里呢？是不讲道理的一个主义，内在是自相矛盾的。其他的主义，社会主义也好，资本主义也好，内在是一体的，互相不矛盾。民粹主义是谁能承诺给你好处就支持谁。但是这套东西现在在美国政治上得分，所以美国目前这套外交政策可能还会持续很长一段时间。

两个制约因素

当然，对美国政府有两个制约因素，一个是他这么打贸易战，会不会成功，美国经济会不会吃得消？

因为很清楚，贸易战关税这个东西，对美国有负面影响，对其他国家也有负面影响，美国经济能不能撑得住？特朗普现在民调比较高，很重要的是美国经济比较强。

贸易战对美国经济有何影响，这一点不同经济学家会有不同的判断，按照格林斯潘先生的判断，他觉得会产生负面影响。他刚才说减税，减少经济管制，监管放松，这方面带来对经济好的作用，可能都会被关税增加抵消。肯定不是正面影响。如果是带来负面影响，自然制约了特朗普打贸易战的积极性。因为特朗普很清楚，他打贸易战是为了选举，不见得是为了美国长期的发展。经济下滑对选举是不利的，所以我们再看一下美国打贸易战能否持续。

另外一个可能的制约因素，就是民主党是不是会出现类似于富兰克林·罗斯福这样的人，提出一个政策，使大家确信这个政策可以让美国经济重新焕发活力，并解决收入分配不均的问题。这样的人出现，有可能在2020年大选中击败特朗普。

但是看现在整个美国政治，这样的人出现也不容易。最近我看了几场特朗普公开演讲的录像，发现他很容易获得下面听众的欢呼支持。民主党领导人出来讲，则没有人听，他讲的话都很有道理，但是老百姓不见得听。所以2020年大选，特朗普还有可能获胜。

你看美国当前的对外政策，是基于国内的政治变化，而这个变化有深刻坚强的民意基础。所以它这个外交政策的转变，可能要持续很长一段时间。

百年未有之变局

刚才格林斯潘先生也提到，这样的一种政治的变化，不仅仅在美国，在西欧——他觉得在西欧——也是在进行同样的一种转变。大家知道最近意大利的新政府成立，这个新政府很有意思，叫一个五星运动还有一个北方联盟，两党联合政府。北方联盟是有点像极右的，五星运动是左派的，右派跟左派可以结合起来，因为他们在对外政策上都非常一致，都是反全球化的。

在美国也有类似的情况，你看特朗普的对外政策，与民主党桑德斯的对外政策也很相近。所以这种反全球化的政治潮流，在西欧也慢慢形成一种潮流。

总体来说，美欧这两股潮流如果合在一起，对现有的国际经济体系会有一个非常大的冲击。世界正在面临百年不遇的一个变局。

总体来说，我们还是要加大自己的改革开放，把自己的事情做好，然后冷静分析国际经济体系的改变，找准咱们国家自己发展的路径，延续我们过去改革开放40年来发展的良好势头。但是这当中应该会有很多的挑战。

（摘编自侠客岛2018年7月8日，作者：方星海）

中美贸易战，"地缘政治又回来了"

"中国威胁论"始终是以西方国家为主体的国家群（即西方国家和它们的盟友）的一条对华外交主线。冷战结束之后，"中国威胁论"已经经历了好几波。每一波"中国威胁论"浪潮轻则曲解和诬蔑中国，损害中国的国际形象；重则影响所在国的对华政策，阻碍甚至围堵中国的崛起。

2018年，正当中国在积极准备新年主场外交的时候，新一波"中国威胁论"浪潮扑面而来，并且比以往来得更凶猛和广泛。

这一波"中国威胁论"浪潮覆盖整个西方世界和它们的盟友，包括美国，欧洲的德国，亚太地区的澳大利亚、日本和印度等国。一些国家的政府官员公开出来"警告"中国，而另一些国家则政府在背后，民间人士在前，指责中国。

各国政界和学界尽其所能，已经制造了一大堆的新名字，例如，"锐实力""债权帝国主义""新帝国主义列强""修正主义者"，等等。尽管西方在创造概念方面一直被视为严肃认真，但在攻击中国时，造词一点也不科学了。一些人试图用学术的态度和方法来分析这些概念，但白费心思，因为这些根本就不是像样的学术概念，在学术上不值得推敲。

三个新"冷战思维"

说穿了,西方的"反华"力量所要做的就是要营造一个新的冷战环境。和中国发生一场新"冷战"甚至热战一直是西方"反华"力量梦寐以求的。简单地说,西方的新一波"中国威胁论"建立在西方近年来流行起来的至少三个新"冷战思维"之上。

第一,西方对中国发展过程中的政治制度抱冷战思维。近代以来,政治制度的不同往往是国家之间对抗和冲突的重要根源之一。在这方面,西方和中国的价值观全然不同。中国相信不同政治制度和谐共存,而西方往往把具有不同政治制度的国家视为竞争者甚至敌人。

长期以来,西方相信随着中国改革开放政策的实施,中国会演变成西方那样的自由民主制度。但当西方看到中国不仅没有走西方式"民主道路",而且发展出了自己的政治模式的时候,就莫名其妙地感觉到了"威胁"。

今天,西方基本的判断是中国的"威权主义"趋于永久化。对西方来说,更为严峻的是,中国的"威权主义"政治体制已经对非西方国家产生很大影响,越来越多的国家会仿照中国的体制。在西方看来,这是对西方自由民主制度的最大挑战和最大"威胁"。

第二,对中国经济制度的冷战思维。改革开放以来,中国经济制度渐趋成熟,形成了具有自己特色的"混合经济模式"。近年来,西方一直在炒作中国"国家资本主义"的概念。今天西方所认为的中国"国家资本主义"的内外部影响,主要包括如下几个层面:1.国家资本主义导致中国内部市场的不开放,西方企业在中国失去了"竞争力"。2.中国国有企业在国际市场上政治原则高于经济原则,影响西方企业的竞争力。3.国家资本主义是中国"外部扩张"的主要政治工具。正如苏联经济模式是对西方自由资本主义模式的最大威胁，今天中国的"国家资本主义"已被认为是西方自由资本主义的最大经济威胁。

第三，对所谓中国"新帝国主义"的冷战思维。改革开放以来，西方对中国的战略基本上包括三个方面：围堵和遏制中国崛起，至少防止中国挑战西方的霸权；鼓励中国进入西方主导的世界体系，不想失去中国，即不想让中国成为另外一个"苏联"；把中国改为一个类似西方的国家。

但现在这些选项都没有了。西方的新冷战思维是：西方既没有能力围堵遏制中国，也没有能力改变中国。因此，一个可行的选择就是中国变成另一个"苏联"，这样西方至少可以团结起来尽最大的努力遏制中国的扩张，并且也能孤立中国，使中国和西方进行一场新的"冷战"。

特朗普政府 2017 年 12 月、美国国防部 2018 年 1 月分别发表的《国家安全战略报告》与《国防战略报告》，都直接称中国和俄罗斯是美国的主要战略竞争对手，并声称美国将聚集资源应对中俄的挑战。非常有意思的是，白宫新闻发言人把美国的这份《国家安全战略报告》称为美国"新时代的新国家安全战略"。这种称呼和中国领导人所提出"新时代"相呼应，其针对中国的目标昭然若揭。

美国防长马蒂斯（James Mattis）最近在出席完德国慕尼黑安全会议返回美国的途中指出，美国决定公开称中国和俄罗斯是战略竞争对手，并非美国的自身选择，而是国际安全形势变化带来的必然结果。他说："将竞争关系公开化的行动是（中国）将南海的岛礁变成军事哨所。在欧洲将竞争关系公开化的行动是俄罗斯越境侵占克里米亚，以及俄罗斯在乌克兰东部支持分离分子。"

再者，一些西方国家对"一带一路"有了新的冷战思维，认为这是中国国际扩张主义的体现。德国外长加布里尔（Sigmar Gabriel）最近的言论可以视为西方国家态度的变化。在慕尼黑安全会议上，这位外长声称中国借"一带一路"打造有别于自由、民主与人权等西方价值观的制度，自由世界的秩序正在解体，西方国家应当提出对策。这位外长还警告欧洲被中国和俄罗斯分化的危险。欧洲国家包括德国早先对"一带一路"倡议持积极态度，但现在立场出现变化。这种变化并非仅限于德国，而是相当普遍。

"反华"是全方位的

这些互为关联的思维加在一起，成为西方对中国发起"冷战"的依据。正在形成中的"中国威胁论"浪潮覆盖西方世界和它们的盟友，"反华"情绪和行为表现在各个方面，可以说是全方位的，涵盖经贸、安全、文化教育与人文交流等领域。

在经贸方面，美国已经发起了和中国的贸易战。中美之间的贸易战对中美两国都必然会造成重大损失。特朗普政府聚焦的是美国的经济，为了美国经济，特朗普政府正在采取诸多非常的举措，尤其是贸易方面。

历届政府在考量对华贸易政策时会把贸易政策和其他政策联系在一起，并且抱有以贸易政策改变中国的企图。但特朗普政府没有任何这样的企图，其对华贸易表现得更为直接，就是看看贸易平衡数据。这种对单一因素的考量使得特朗普政府趋向于采取强硬的对华贸易政策。当然，特朗普政府对其他国家也如此。

其他主要西方国家包括美国的盟友如澳大利亚和日本，尽管对中国的贸易依存度非常高，它们从对华贸易过程中获得了巨大的利益，但这些国家的一些政治力量宣称要对中国采取强硬举措，并声称要做好准备为此付出"代价"。以日本为核心的新版本跨太平洋伙伴关系协定（TPP）起死回生，同时这些国家向美国开放，随时欢迎美国的回归，而宣布退出 TPP 的特朗普近来在这方面也开始松口。

在安全方面，问题更多。中国经过这些年的努力稳定了南海局势，但美国正在推动南海问题重新"回归"安全议程。在核扩散问题上，因为朝鲜核问题，中国不仅面临巨大的国际压力（主要来自美国），而且的确也面临日益增长的核威胁。一旦朝鲜成为核武国家，那么中国全部周边必将被核国家所包围。更复杂的是，美国、俄罗斯、日本、韩国等所有相关国家在朝鲜核问题上，和中国的利益不同，它们以各种形式拖延核危机，把压力转移给中国。

中国的"一带一路"倡议本意是为了带动发展中国家的经济发展，并且中国一直抱开放的态度，欢迎各国参与这个倡议。不过，西方并不这么看。美国和日本一直持怀疑态度。这尤其表现在美日对中国主导的"亚洲基础设施投资银行"（AIIB）的态度上，它们一直相信亚投行是想取代美日主导的亚行。

在亚太地区，日本、澳大利亚、印度等国家为了应对中国的"一带一路"倡议，提出了"印太战略"，而美国特朗普政府也接受了这种思路。拉印度来对抗中国的崛起是美国和日本多年来的重点战略考虑，而随着"印太战略"的正式提出，这一战略会很快进入操作阶段，具体化和行动化。

这一战略大致会从两个方面进行，即军事战略和经济战略。军事战略方面实际上已经进行了很多年，只是早些时候没有这样的提法。在围绕核武器、南海问题、东盟等问题上，美日印澳都把中国视为威胁，并且逐渐找到了"共同安全利益"。这些国家之间的军事合作已经有多年，且渐趋成熟。2017年，四国重启"四方安全对话"（Quadrilateral Security Dialogue，简称QUAD），确保印度洋和太平洋的"自由开放"。"四方安全对话"被视为亚洲版"北约"的开端。

现在美日印澳又开始转到经济战略层面。最近，这些国家初步达成对付中国"一带一路"的"另外选择"，即这些国家共同推出一个区域基础建设计划。在这方面，这些国家既有共同利益，如果合作起来也有相当的实力。

对美国来说，它所担心的是中国的"一带一路"会促成一个以中国为中心的地缘政治势力范围，从而抗衡美国。因此，美国必须力所能及地破解这个被认为是形成中的中国势力范围圈。这也是美国接受"印太战略"的理由，美国认为这一战略可以维持"自由开放的亚太区"。

印度对"一带一路"始终抱非常负面的看法。因为"一带一路"覆盖很多印度的邻居国家，印度担心其会被中国"势力"所包围。这些年来，印度提出"东进战略"，积极投资建设连接邻国的道路和铁路。

在安全方面，近来美国一直在提升和台湾的关系来制约中国大陆。

可以预见，无论是"印太战略"还是"四方安全对话"或者其他的组织，一旦针对中国的联盟或者网络形成，那么其功能会不断扩展，最终涉及网络安全、外太空安全、核安全等领域。"北约"的历史就说明了这一逻辑。

"中国威胁论"浪潮远超从前

甚至在文化和人文交流方面，一场无硝烟的战争也已开始。

和从前几波"中国威胁论"浪潮不同的是，从前都是美国在挑头，鼓动其他国家加入。但这次是其他国家在挑头，鼓动美国来参与。实际情况是，当美国挑头时，其他国家不见得一定要参加，因为其他国家觉得有美国在行动就足够了，它们自己不仅不用参加（至少不要那么起劲参加），而且可以和中国做生意。但这次，因为特朗普要美国逐渐从国际事务中撤退，其他国家感觉到了要挑头对付中国。如果这些国家成功游说美国加入，那么这一波"中国威胁论"浪潮要远超从前。

美国一直是西方世界秩序的核心。或者说，整个西方世界的秩序是由美国组织起来的。现在，特朗普不想做世界秩序的组织者和领袖了，很多国家就担心忧虑起来。这种忧虑情绪最近一段时间以来越来越浓重，德国、澳大利亚、日本等很多国家甚至公开表达出来。很多事情，这些中等国家本身做不了，但一结合美国它们就可以做了。或者说，这些国家各自的力量太分散，美国能够起到一个组织者的作用。美国是否和它们站在一起，对它们来说至关重要。

今天，这些国家开始采取两种方案：

其一，继续邀请美国回来成为它们的领袖。它们的努力也有成效，特朗普开始不那么坚持"美国优先"了，至少对美国的盟友来说。在一些方面，特朗普也不那么坚持双边主义了，而是强调和盟友合作的重要性。

其二，这些国家自己开始行动起来，通过把中国视为"竞争者"和"敌人"把自己组织起来。TPP 是这样，"印太战略"是这样，"四方安全对话"也是这样。从前是美国倡议，这些国家再加入；现在是这些国家先倡议，再鼓动美国加入。

新一波"中国威胁"声音到处可见。不同的反华力量正在聚集在一起，构成对中国越来越大的压力。在国际政治和外交关系上，A 国对 B 国的外交政策是基于 A 国对 B 国的基本判断之上的，即是"朋友"，还是"敌人"？一旦 A 国判断 B 国为"敌人"，那么 A 国就会动用所有的力量来对付 B 国。

第二次世界大战结束之后，美苏之所以形成冷战局面，就是因为美国所做的这样一个判断，而两大阵营之间全方位的竞争也从此开始了，直到苏联解体。今天，中美两国之间也正面临着这样一种情形。

（摘编自侠客岛 2018 年 3 月 24 日，作者：郑永年）

用贸易战降低贸易逆差，特朗普找错了靶向

美国贸易代表已经确认，自美国东部时间 2018 年 7 月 6 日 0 点 01 分开始，对华加征关税，中方立刻宣布实施早已公布的对等反击清单。这场无可避免的、创造了全球贸易史上涉案贸易额最高纪录的贸易战，正式打响了。

美方挑起这场贸易战，并无经济逻辑可言。

现在的美国不是处于经济萧条，而是处于经济景气峰顶，已经实现了充分就业；贸易保护不能——哪怕是暂时——增加美国就业总量，只能对美国经济施加额外的干扰，加大从产业界的供应链混乱到宏观经济的通货膨胀的压力。

山姆大叔一直神神叨叨的美国贸易逆差，归根结底也不是他们所描述的中国和其他贸易伙伴"不公正贸易行为"所致，而是山姆大叔自己的错。

继续维持天文数字的军费，甚至还要进一步加码，就是美国推高自身经济压力的最大错误之一。

军费开支膨胀失控

美国军费，与贸易逆差何干？

很有关系。在宏观层次上，美国贸易逆差的本质，是其国民储蓄过低；而美国国民储蓄过低的重要根源之一，就是美国政府数十年如一日是负储蓄部门。其中，军费、社会保障两大开支过度膨胀且布局不合理，是其负储蓄的主要原因。

可以说，军事开支膨胀失控，堪称恶化美国财政支出结构的头号"杀手"，进而使美国贸易收支逆差格局定型、不断强化。

军费开支过度膨胀是如何恶化美国国际收支的呢？

平时，在产业和贸易的层次上，过高的军费开支、过于丰厚的军事合同利润，吸引美国产业界把过多的优质资源投向军工业，民用工业因此相对衰落，在世界市场上竞争力日益减退。这就使美国不仅被牵制海外市场继续攻城略地的脚步，也让本土市场被聚焦民用工业的外企占据的态势蔓延。

而一旦爆发较大规模战争，陡然涌现的大量军需订单，更是要有相当一部分流向外国产业界。如果战场邻近国家和地区恰恰有潜在生产能力，也有强烈的抓住机遇谋求发展之心，他们就会拿下很大一部分美军"特需"订单，以及美国国民经济"军事化"而腾出来的民品生产、供应市场空间。

回顾历史，美国在第二次世界大战之后参加的历次大规模战争，都对其国际收支产生了相当明显的影响，也有力地推动了后来被美国视为制造业竞争对手的经济体的工业和出口增长。

比如，朝鲜战争爆发之前的1948年、1949年，美国货物贸易顺差分别为45.72亿美元和45.07亿美元；朝鲜战争爆发的1950年，美国货物贸易顺差急剧萎缩至3.62亿美元；停战翌年（1954年），顺差便回升至17.14亿美元。[1]

----

[1] 除特别注明来源者外，本文国际贸易数据均引自联合国贸发会议数据库。

可以看出，这几年美国贸易顺差的涨跌，和战争爆发和结束后的时间点精确吻合。也正是朝鲜战争带来的"特需景气"，一举把日本拉出了战后萧条的泥坑。

再比如，1964 年，美国炮制"北部湾事件"，制造了全面、大规模直接参与越南战争的借口。1965 年美国直接参与越南战争，当年美国的货物贸易顺差，便从上年的 53.84 亿美元，大幅度下降至 35.11 亿美元。

也是从美军宣布停战的 1968 年开始，第二次世界大战后美国货物贸易收支顺差的常态，开始转折为逆差。1968 年、1969 年连续两年，美国货物贸易分别逆差 12.87 亿美元、9.80 亿美元；到 1973 年签署《关于在越南结束战争、恢复和平的协定》时，美国货物贸易收支逆差格局已经定型，仅 1975 年一年短暂实现过顺差，其余所有年份均为逆差。

也正是越南战争期间，实施出口导向型经济增长模式的"亚洲四小龙"实现了经济腾飞，在工业化进程中彻底脱胎换骨。

近一些的案例也有。

2001 年 10 月，美军出兵阿富汗（至今仍有可观兵力）；2003 年 3 月，出兵伊拉克，2011 年撤军。也正是在这两场战争期间，美国货物贸易逆差规模接连上了几个台阶：

阿富汗战争爆发翌年（2002 年），美国年度货物贸易逆差首次突破 5000 亿美元大关，达到 5071 亿美元，比上一年猛增 571 亿美元；

伊拉克战争爆发翌年（2004 年），美国年度货物贸易逆差从上年的 5783 亿美元猛增至 7108 亿美元，首次突破 7000 亿美元大关；

2005 年，美国年度货物贸易逆差首次突破 8000 亿美元大关，达到 8316 亿美元。

……

大炮一响黄金万两，这两场战争带给美国的，几乎是一年 1000 亿美元逆差的增长。

可以肯定，如果美国不彻底反省过度卷入海外政治军事事务的失误，不大幅度削减已经过度膨胀的天文数字军费，要想有效压缩贸易逆差，没可能。

找错了靶向

美国精英阶层中，不是没有人意识到这个问题。

二十世纪五六十年代，或许是因为对美国损耗巨大的朝鲜战争，昔日的第二次世界大战欧洲盟军总司令、凭借"结束朝鲜战争"承诺而入主白宫的艾森豪威尔总统就意识到了当时刚初步成型的"军工复合体"对国家的潜在危害。

在 1961 年的告别演说中，艾森豪威尔总统满怀忧虑地告诫——

"我们已被迫创建一个规模宏大的永久性的军事工业，350 万男女服务于国防机构，我们每年在军事安全上的开支超过了美国所有公司的纯收入。我们必须警惕'军工复合体'有意无意所形成的不正当的影响力，而且这不当的权力配置的灾难可能会持续下去。"

特朗普对此也一清二楚。

从竞选期间起，特朗普就高举"美国优先"（America First）这面两次世界大战间孤立主义运动的旗号，不断抨击其前任们轻举妄动、没有必要地干预外部事务、卷入国外的大规模军事冲突，耗竭了美国资源。竞选时，特朗普力主集中资源聚焦国内经济建设，固本培元。

比如，2016 年 4 月 27 日，在第一场面对共和党精英系统陈述其外交政策理念的演讲中，他是这样说的——

"这些外交政策灾难接踵而至……这一切都始于一个危险的想法：我们可以让那些没有经验或者没有兴趣成为西方民主国家的国家成为西方民主国家。"

"与其他总统候选人不一样的是，战争和入侵将不会是我的首个本能。没有外交手段就没有外交政策。一个超级大国明白小心谨慎和克制才是力量的真正标记。"

"尽管从未在政府任职，我曾完全反对伊拉克战争，我对此非常自豪，我多年前就一直在讲，伊拉克战争将会使中东地区出现乱局，不幸的是，我是正确的。"

在 2017 年 1 月的就职演讲中，特朗普则声明，"我们不寻求将自己的生活方式强加于人"。2017 年 8 月公布的阿富汗及南亚新战略中，特朗普一再强调，在阿富汗等国的行动目标是打击恐怖分子，而不是建设外国国家（We are not nation building again. We are killing terrorists）。

2017 年 12 月，特朗普政府发布第一份国家安全战略报告，也定义了四项至关重要的美国国家利益——

保护美国人民、国土安全和美国的生活方式；促进美国的繁荣，首次提出经济安全是国家安全；用军事力量维护和平；战略是为了推进美国在世界上的影响力，但首先要在国内创造财富和保障权益。

应该说，上述所有这些主张，都体现了他减少在海外军事干预中耗竭美国资源的理念，倘若能够切实全面落实，必定有助于削减美国贸易逆差。问题是，特朗普同时又主张大规模更新美军装备，提高军费开支——这就不能不抵消他上述理念主张的效果了。

2018 年，全球国防费用将增长 3.3%，达到 1.67 万亿美元的冷战后最高峰。在这样的增长中，美国军费开支就独占 40% 之多！但 2017 年，美国的实际 GDP 仅占全球的 15.40%。

这样的格局，无论特朗普如何逼迫盟国提高防务开支贡献，能够持久吗？有如此巨大的、消耗性的防务开支，对美国国民储蓄、进而对其贸易收支的影响可想而知。

特朗普的荒谬剧本

　　换言之，想通过贸易战降低贸易逆差，特朗普总统找错了靶向；不如先看看自己的军费能不能削减再说。否则，缘木求鱼。

　　（摘编自侠客岛2018年7月6日，原题目为《中美贸易战第一天，给特朗普支个招》，作者：梅新育）

起底美国贸易霸凌的歪心歪理

2018年7月6日，对中美两国人民乃至全世界人民来说，都是一个紧要日子。美国已有时间表，对华贸易战的"战鼓"已经擂得颇有战时的味道。

贸易战的战端一旦开启，炮弹究竟会不会掉进自家的阵地？白宫才不管这样的问题。毕竟，叫嚷嚷的哈雷摩托只不过是一家企业，想走你就走吧；毕竟，嚷嚷叫的豆农们只不过是一群农民，爱闹你就闹吧……现在，在唯一超级大国的政策工具箱里，似乎已经贫乏到或者说自负到只剩下"贸易战"这唯一的一个物件儿。

这只空荡荡又沉甸甸的工具箱上，烙着纳瓦罗先生的名字。纳瓦罗先生是谁呢？所谓的经济学家、曾经的特朗普总统竞选团队政策顾问、现在的白宫国家贸易委员会主任。他2011年的《致命中国》一书，据说是美国对华贸易战的"政策之源"。近日纳瓦罗主任又亲自主笔涉华报告，重弹《致命中国》论调。然而，与其显赫身份极不相称的，是其政策建议中的陈词滥调和歪心歪理。

指责中国"消灭美国人工作机会"、号召美国民众不要购买中国产品、对美国企业到中国投资进行阻挠……纳瓦罗的种种"妙招"，尽管了无新意，却也不无效果。因为他已经一步步把自己的"对手"逼得更加坚定，也已经一步步把自己的"队友"逼得更加离析。令人不解的是，美国摆开架势，想一条道走到黑。

这充斥着浓浓的"霸权味道"：对于国际体系与规则，它是典型的"合则用、不合则弃"，显然习惯了"一国独霸"的做派。在一个市场和供应链高度一体化的世界中，美国坚持砌起又高又厚的墙。它不知自问：世界经济和各国发展，都从全球化中受益良多，怎么唯独美国成为受害者？显然，美国揣着明白装糊涂。美国在全球化中已经获取巨大利益，现在又要通过"逆全球化"实现更大利益。这是典型的置全球经济和他国利益于不顾的自私自利的霸权主义表现。

这流露着满满的"受害感觉"：我这里出了问题，一定是别人害的。美国经济出问题，根源就是美中贸易逆差。美国对华贸易逆差，必定是中国有阴谋。但是它却不知自问：为何其他国家都热情搭乘中国"快车"，唯独美国黯然神伤？事实上，美中贸易逆差根源，在于美国储蓄不足、消费过度，同时也与全球产业链布局密切相关。美国通过在华企业攫取了大量实际利益，却将贸易逆差的责任推给中国。

这彰显着冷冷的"冷战色彩"：渲染"中国威胁"、鼓动对立对抗。这种逆和平发展的思维，对世界尤其是发展中国家是灾难，对美国也是苦难。

以纳瓦罗思维为代表的唬人逻辑，并没有得到西方主流学界和媒体的认可。美国印中美研究所的经济学家丹·施泰因博克指出，纳瓦罗渲染的"中国威胁论"，缺乏事实根据，更像是政治说服工具。《洛杉矶时报》也认为，《致命中国》"充满了仇外的歇斯底里和夸大事实，分不清事情的因果关系"。

然而，就是这样一套漏洞百出、危言耸听的逻辑，却支撑起了如今的美国对华经济政策。其破坏性显而易见：全球化将严重受阻、全球贸易秩序将遭到破坏、美国自身也将吞下"恶果"。

"多年来，我们同几乎世界所有的国家都一直存在贸易逆差，总统想要确保这个局面不会继续下去。"白宫发言人桑德斯这样说。

这事啊，道理很简单。你跟一两个人打架，可能是各有责任；你跟所有人打架，就是你一个人的毛病。

最后，再说一句：贸易战，中国不想打，但绝不怕打。

谈，可以分分钟坐下来；打，可以对对碰干起来。

中国不是吓大的，中国恰恰是在艰苦卓绝的伟大斗争中强大的。

（摘编自《人民日报海外版》2018 年 7 月 6 日，作者：张红）

中国不会照着美国剧本走下去

2018 年 7 月 6 日，美国对中国片面施加不公平关税措施生效后，中方对美方部分产品加征关税的措施已立即生效。至此，美方对华发动了世界经济史上规模最大的贸易战，中方打响了贸易领域的对美"自卫反击战"。世人将看到、历史将见证：中国将以战略定力迎击美国挑战。

美方倒行逆施，中国"正当防卫"。一段时间以来，美方反复无常，一意孤行挑起贸易战，此种贸易霸凌行径公然违反世贸组织规则，挑战多边主义和贸易自由，剑指中国正当利益，不仅损害双方经贸利益，而且危及全球产业链和价值链，阻碍世界经济复苏，引发全球市场动荡，并殃及更多跨国企业、中小企业和消费者。对贸易战，中方一再申明不愿打，也不惧打，承诺不开第一枪，但美方如扣动扳机，中方必奋起反击。

美国罔顾事实，中国无端获咎。特朗普一再拿中美贸易不平衡做文章。中美贸易的确存在"不平衡"，但并非不公平。几乎所有的美国经济学家都认为，美国的贸易逆差不是什么大问题，其形成和持续是美国经济科技创新能力、高端服务业竞争能力以及在国际货币金融中特殊地位的反映，并不是造成美国经济社会问题的症结。此外，美方贸易统计数据并没有完全反映两国经贸关系的实际。特朗普政府选择性、片面性地解释和使用贸易数据，执拗于所谓中国不公平的经贸、知识产权政策，显然罔顾事实。

美国自私自利，中国无惧挑战。美方执意挑起贸易战，主要有三方面原因。一是"美国优先"政策使然。特朗普奉行单边主义，美国至上，一切以是否符合自己认定的美国利益为标尺来衡量。中国不是唯一目标，却成了最大目标。二是纠结于贸易逆差，认为美国出口的少，进口的多，贸易战打起来利大于弊，不惜以各种借口挑起贸易争端。三是认定中国是"战略竞争者"，在地缘政治、战略安全、经贸科技、意识形态等方面对美形成"威胁"。贸易战成了美国对付中国的政策工具，主要是想一箭三雕：削减对华逆差，打压中国高科技产业，遏制中国崛起。面对美国算计，中国已有充分准备。

美国失道寡助，中国保持定力。美国挑起贸易战，损人不利己，在国内国际上会越来越不得人心。中国不可能屈服于美国的压力或者任何其他人的压力，也不会照着别人的剧本走下去。长期以来，中国同美国斗智斗勇不斗气，看重的是世界大势、中美关系大局、中国发展光明前景，展现出登高望远的大格局和从容应对的战略定力。中国将会按照自己的时间表和总体布局，坚定不移深化改革、扩大开放，倾力打造全球伙伴关系网络。以制度、体系、团结为后盾，以历史和世界大势为依托，中国有能力、有信心迎击任何挑战。

（摘编自《人民日报海外版》2018年7月7日，作者：贾秀东）

发动贸易战是美国的误判

当前，贸易战的阴云笼罩在世界的上空，对正在复苏的全球经济造成负面影响。然而，特朗普挑起这场贸易战，除了有利于其中期选举及利益集团的经济利益外，对全球都将贻害无穷。为反制美国霸凌行径，我们必须对贸易战的影响有深入认识。

美国挑起贸易战心怀叵测

首先，贸易战是美国单边主义的表现。中美经贸关系一直是两国关系的压舱石，中美产业结构、资源禀赋比较优势形成互利合作的利益共同体。中美建交40年贸易额增长232倍，双向投资2300多亿美元。美国对华贸易逆差现状是长期市场选择的结果。特朗普上台后习近平主席访美取得系列成果，中美"百日计划"成效显著。特朗普回访签署2535亿美元大单，中国说到做到，2017年从美国进口大量油气等。特朗普却一意孤行对中国发动贸易战，毫无诚信大国姿态。

其次，贸易战无法解决相对固定的贸易逆差。美国对华二三千亿贸易逆差不仅有中美在全球价值链和产业链所处地位及国际分工不同所导致的客观原因，也有美元作为世界货币必须以逆差才能输出美元的金融原因，更有美国对高科技产品出口中国进行严格管制的主观原因。因此，美国对中国的贸易逆差必然是相对固定的，事实上，美国对全球100多个国家的贸易逆差都并非特朗普想减就能减的。

最后，美国搞贸易战实乃醉翁之意不在酒。美国贸易战实为科技竞争和发展权之争。特朗普竞选顾问班农直言贸易战目的是限制中国现代化。美国惧怕中国科技进步带来竞争，担心中国抢占了美国的经济主导权才是本质。特朗普对中国采取遏制策略，威胁对中国数千亿美元商品加征关税。已出台的征税商品清单主要集中在高端制造、信息通讯、机器人以及航空航天等产品领域，其真正目的是为了遏制中国高科技企业的发展，维护美国在科技上的领先地位。但其实美国需要的是自我改革，诺贝尔奖得主斯蒂克利茨指出，美国新增财富收入的91%是由1%的人拿走的，而这才是美国经济、社会问题根源所在，挑起贸易战企图转移国内视线。

美国挑起贸易战不得人心

第一，美国发动贸易战是单边对多边、霸权对规则、保护对自由。从国际贸易、气候变化到移民政策，特朗普都在退出多边大搞唯美国至上的单边主义。在特朗普上台之后分别退出了跨太平洋伙伴协议（TPP）、跨大西洋贸易与投资伙伴协议（TTIP）和国际服务贸易协议（TISA），并重启北美自由贸易协定（NAFTA）谈判，多次威胁退出WTO。

从2018年1月对全球太阳能电池板和电冰箱分别加征30%和50%不等关税到3月对钢铝实施25%和10%不等的关税以来，美国更是频频拿对中国的贸易逆差说事，擅离WTO国际规则。"301调查"报告看上去脚注齐全，但其依据却都是所谓的"据报道"，连篇"貌似""可能""或者"，真所谓欲加之罪何患无辞。

据 WTO 官方统计，截至 2018 年 7 月 6 日，美国在 WTO 被告 156 次，而中国连美国的零头都不到，2018 年上半年美国就被告 19 次，在全球占比超过 68%。WTO 前总干事拉米指出，"美国是最不遵守 WTO 的国家，中国在 WTO 里面可以给 A+ 的分数"。在全球价值链日益紧密的背景下美国很难精准打击中国，这样只会破坏由美国一手主导建立起来的现有国际经济、贸易和金融秩序。

美国大搞贸易保护主义、孤立主义，对他国极限施压及使用讹诈手段，逼他国就范，不惜与全球分裂，不仅导致七国集团第一次出现峰会无果，还导致 WTO、G20 的相关会议因美国反对而无果，其后果是惹怒加拿大和墨西哥，并遭到西方国家一致反对。

第二，贸易战是美国过虑及其战略误判之战。美国已跌落修昔底德陷阱，贸易战只是表象，背后是美国对中国实施扼制的科技战和抑制发展权之战。美国安全报告和战略报告都把中国从十年前的潜在竞争对手列为战略竞争对手。

特朗普的原顾问班农公开演讲时表示，美国正在利用其有限精力限制中国现代化发展进程。白宫顾问纳瓦罗则直接说，贸易战就是针对"中国制造 2025"。

美国贸易代表莱特希泽是美欧、美日等贸易摩擦的老手，在日本等国的 GDP 接近美国的 70% 时就曾利用贸易大棒对其进行打击。中国 2017 年的 GDP 也已接近美国的 70%，由此也可以看出美国对中国发动贸易战的用意所在。

美国挑起贸易战损人不利己

美国挑起贸易战将贻害美国经济。贸易战已导致美国钢板价格大幅上涨 51%，美国洗衣设备上涨 17%，美国大豆下跌 20%。如果再实施对中国 2000 亿商品加征关税，必然将抬高美国市场上的商品价格，引发高通胀，最后让美国老百姓买单，损害美国经济。

此外，美国坚持搞贸易战将给全球经济带来系统性风险。近日，美国工农业等 100 多个协会联名上书反对贸易战，包括诺贝尔奖得主在内的 1000 多位经济学家也联名上书反对搞贸易战。针对特朗普的政策，美联储前主席伯南克警告说由于这些政策有滞后性，在 2020 年会给美国带来金融风险。美联储前主席格林斯潘也指出加征关税实际"由美国国民买单"。英国央行行长卡尼表示，美国将成为贸易战最大输家。国际货币基金组织（IMF）总裁拉加德更是警告称美国需要对给世贸体系造成的"关税之伤"承担后果。世界贸易组织总干事阿泽维多发出警告称，特朗普在动摇全球贸易体系。

但美国贸易战升级对中国影响总体可控。首先，美国发动贸易战的外部压力越大，中国深化改革的内部动力越足，尤其是中国经济目前已经转向高质量发展，美国贸易战只会让中国经济增长更加注重质量提升。其次，从经济增长速度来看，按模型测算，500 亿美元加征 25% 的关税对中国的影响是 GDP 降低约 0.1 个百分点；假设两个月之后再对中国 2000 亿美元商品加征 10% 的关税，将使中国 2018 年 GDP 降低约 0.3 个百分点。中国全年达到年初预定的 6.5% 左右的增长速度仍是大概率事件。由此，贸易战对中国经济的影响有限。最后，关税负担会由整个价值链、产业链和供应链分担。在全球化和国际分工细化的今天，美国对中国加征关税的影响短期会对企业造成一定影响，但是随着时间推移，汇率有自动调试机制，供应链也会自动调整，产业链也会消化和转移关税的影响，加征的关税会由整个产业链、价值链和供应链来承担和消减。因此，美国贸易战对中国的直接影响将是有限和可控的。

总之，针对美国挑起的贸易战，中国的反制措施是正义之战，是民心所向。中国是按照客观上全球化的发展规律，推进历史车轮向前推进。而违背经济规律、金融规律、历史规律的美国，从一开始就注定要失败。

（摘编自海外网 2018 年 7 月 20 日，原题目为《发动贸易战是美国的误判，注定要失败》，作者：刘英）

美国想逆转潮流，可能吗？

2018年7月10日，美国总统特朗普对欧洲进行访问。跨大西洋伙伴关系本是美对外政策重点，欧洲也期待与美加强各领域沟通，但特朗普在访问期间公开批评欧洲国家在贸易上"占美国便宜"的言论却引起欧方忧虑。

事实上，欧盟早已对美国不满。2018年6月1日，美国不顾欧盟一再反对，开始对其征收钢铝关税，欧盟随后以反击性关税的方式进行反击。对此，美国不但没有改正错误，反而威胁将对在欧盟组装的汽车征收进口关税。最近，美国还执意挑起对华贸易摩擦。显然，美经贸政策已经被"美国优先"原则严重误导，目空一切地想要实现自身利益最大化。

美挑起争端是以单边主义对抗多边主义。美挥舞贸易大棒依据的所谓"232调查"和"301调查"，都基于美国国内法。表面看，"232调查"旨在判断进口的他国产品是否威胁美国国家安全，"301调查"重在抵御美国贸易权利遭到的侵犯，但实质上，两者都是美国用于谋取利益的单边主义贸易工具。自世贸组织成立以来，美国发起两类调查的数量明显下降。现今，美政府重启"232调查"和"301调查"，实为寻找借口在贸易政策中对他国施压，对多边贸易体制构成严重冲击。

美加征关税是以保护主义干扰自由贸易。2008年金融危机爆发以来，如何促使世界经济复苏、推动全球化进程是各国努力的共同方向。二十国集团（G20）等重要机制认为，贸易和投资对世界经济增长发挥着拉动作用，应致力于激活这两大发展引擎，促进世界经济血脉流通。G20杭州峰会制定的《二十国集团全球贸易增长战略》旨在扭转当前全球贸易疲软的态势，鼓励各国共同建设开放型世界经济。美国高举保护主义大旗，明显与国际社会的努力背道而驰。

美一意孤行是以贸易霸凌破坏国际规则。中国、欧盟、加拿大等都试图通过磋商与美管控分歧，然而美国立场反复无常、出尔反尔，甚至背弃已有共识，执意挑起贸易摩擦。美国在计算贸易逆差上有故意高估行为。更严重的是，美国刻意回避导致贸易逆差产生的多种原因，包括美国内储蓄率过低、美元发挥着国际主要储备货币职能、美国人为限制高科技产品出口等因素。可见，美国强调"贸易公平"意在推卸责任，把罪名强加于人。这种做法严重违背世贸组织精神，破坏了互惠原则和国际规则。当前，受到美国贸易大棒打击的各国都以各自方式进行回击，希望借此警告美国悬崖勒马，最终维护正常的世界贸易秩序。

美国多次强调要维护本国工人利益。但问题在于，以"美国优先"扰乱世界，美国也难以独善其身。当前美国经贸政策和行为低效且短视，已经引起国际社会高度警惕。回归多边主义，支持自由贸易，维护国际规则，才是大国所为，才是潮流所向。美国想逆转潮流，可能吗？

（摘编自《人民日报海外版》2018年7月17日，作者：苏晓晖）

特朗普滥权不得"官心"

据美国有线电视新闻网报道，当地时间 2018 年 7 月 11 日，美国参议院以 88∶11 的票数通过了一项非约束性的决议，呼吁美国总统特朗普在决定以国家安全为由采取关税行动时，应先征得国会同意。

有美媒指出，这项决议若想成为可执行的法规，仍然要与特朗普的反对意见做艰难斗争，但这已能表明特朗普的关税政策让美国参议院议员感到沮丧。掀起贸易战将重伤美国农民和制造业者的利益，这是促使参议院通过这项议案的原因。

不满声音空前高涨

继 2018 年 7 月 6 日对 340 亿美元中国商品加征关税之后，特朗普政府再次摆出将对华贸易战"提档"的架势。

当地时间 2018 年 7 月 10 日，美国政府宣布，已决定对另外 2000 亿美元中国商品加征进口关税。根据美国贸易代表办公室当天发布的声明，有关新关税所涉产品的听证会定于 2018 年 8 月中下旬举行，加征关税商品清单涉及服装、电视机零件、冰箱等消费品以及其他高科技产品等 6000 多种。

消息一出，几乎和中国作出的严厉回应同步，美国国内反对声音不绝于耳。

与特朗普同属共和党的美国参议院参政委员会主席哈奇在 2018 年 7 月 10 日发布的一份声明中称，美国政府的最新举动"有些鲁莽"。彭博社则直接指出，因为贸易战，特朗普正在面临共和党内"不同寻常的直白批评"。

7 月 11 日美国参议院通过的非约束性决议，更为明确地向特朗普政府宣示，来自美国政界乃至更广范围的不满已经不容忽视。

据新加坡《联合早报》报道，与此次表决相关的议案早在 2018 年 6 月就被摆上议事桌。2018 年 6 月 6 日，美国国会民主、共和两党多名参议员联合提出一项议案，要求美国总统根据《1962 年贸易扩展法》第 232 条限制进口时，必须先向国会提交相关限制进口方案，然后由国会在 60 天内讨论和投票表决。

有意思的是，特朗普为提高关税拉出的大旗——"国家安全"，正是参议院这项决议批评的重点。

美国共和党参议员库克在此前的声明中称，特朗普政府正在滥用国会给予总统的第 232 条款授权，把一个内在经济问题说成威胁国家安全。

另一名共和党参议员杰夫·弗雷克也在 2018 年 7 月 11 日表示，参议院允许就一项反对政府贸易行动的决议进行表决并不常见，这"明显是对总统滥用贸易权力的谴责"。

反对力量正在集结

"美国参议院通过这项决议，虽然不具备约束性，但是传递出一个重要信号——在美国国内，反对特朗普贸易政策的反对力量很可能正在迅速集结。如果特朗普继续一意孤行，和中国大打贸易战，并将此升级至全球范围，招致国际社会更加严厉的报复，那必定会进一步引发国内的不满。"中国人民大学国家发展战略研究院研究员李巍分析称，目前，美国国内的反对力量主要由因贸易战而利益严重受损的跨国公司、贸易商、零售商等组成。

2018 年 6 月初，在这项议案刚刚提交时，美国商会、全国零售商联合会等主要商业团体就纷纷发表声明予以支持。

近日，美国零售联合会表示，美参议院的这次行动显示出特朗普的关税行为已经切实影响到了美国国内各界，两党有越来越多的人关注美国政府不顾后果的贸易政策。美国商会则敦促立法者支持并通过"实际立法"来确保国会在关税议题上的影响。

美国联邦储备委员会日前公布的 2018 年 6 月份货币政策例会纪要显示，许多美国企业对特朗普政府的关税举措和其他贸易限制措施的负面影响日益担忧。美国《福布斯》杂志 2018 年 7 月 12 日也称，对中国 2000 亿美元商品加征关税清单公布后，在华美国企业 2018 年 7 月 11 日向特朗普喊话说，他们已经失去耐心。

"目前，特朗普提高关税的进口产品以非生活类为主，短期之内对美国国内企业和老百姓生活影响有限，但是一旦美国对华贸易战持续下去，中美相互报复，必然会使美国国内企业生产成本提高，竞争力下降，进而影响就业，这是一个传导过程。"中国现代国际关系研究院美国经济专家孙立鹏分析称。

美国《纽约时报》也援引经济学家观点指出，贸易战将增加美国制造业的成本，可能威胁到制造业就业岗位，而其中更高的成本最终将通过供应链传递给美国消费者。

"现在，特朗普面临两方面的对手——国外的谈判对手和国内的反对派。如果两方面力量叠加在一起，那他将面临巨大压力。"李巍指出，在此之前，美国国内部分反对力量处于观望状态，不确定特朗普的贸易大棒能否迫使中国及其他国家让步。而如今，随着特朗普开启事实性的贸易战，并不断升级，反对派已经坐不住了。"如果特朗普继续执意打贸易战，那他面临的最大对手或许不是其他国家，而正是本国国内的反对派，这恰恰是他最在意的。"

贸易大棒伤人伤己

粗暴挥舞贸易主义大棒，最终伤人害己，美国不缺这样惨痛的历史教训。20 世纪 30 年代，在经济萧条席卷全球的关键时刻，正是美国政府出台的臭名昭著的《斯姆特－霍利关税法》，导致全球关税大战，最终将美国和全球经济一起拖入衰退深渊。

如今，相同的担忧很多。彭博社引述经济学家罗比尼的警告称，美国"可能引发全球经济的'完美风暴'，导致全球经济成长减缓"。法国《世界报》社论则批评称，制造关税壁垒无助于解决任何危机，反倒会导致不可避免的连锁反应，美国在做的是不负责任地危害全球经济。

"现在，跨国公司都是在全球范围布局产业链、配置生产要素。特朗普政府挑起贸易战，最终打的是全球产业链，一定会给全球贸易体制带来巨大冲击。"孙立鹏指出，贸易战没有赢家，如果真的出现全球范围内的贸易摩擦升级，各国生产效率都会受到影响，世界经济长期增长的潜力也将因此受挫。

伤敌一千，自损八百。美国国内，种植业者、养殖业者、汽车制造商等众多群体早就坐立难安，怨声载道。欧盟、加拿大等昔日亲密盟友及其他多国也对美国的一顿"乱棍"失望不已，纷纷奋起反制。

"这次贸易战带给美国的另一个重大伤害是其国际信誉受损。"李巍指出，过去几十年，美国扮演全球领导者角色，除了硬实力之外，也离不开软实力及对国际秩序、国际规则的维护。"现在，特朗普政府的行为无疑将对美国的软实力和国际信誉造成破坏。之后，美国要想修复信誉，需要大量时间和成本。"

搬起石头砸自己脚，这场注定两败俱伤的仗，特朗普究竟打算打多久？

李巍认为，这次中美贸易战的规模可能超过以往的中美贸易摩擦，并呈现长期化态势，不可能指望一揽子解决。"未来走向取决于中美双方的互动态势。"

美国众议院议员布雷迪日前表示，强烈敦促中美两国通过面对面会晤，"达成两国间公平和长久的贸易解决方案"。不知这样的忠告，特朗普现在还能否听得进去。

（摘编自《人民日报海外版》2018年7月14日，作者：严瑜）

美反咬一口属强盗逻辑

美国 2018 年 7 月 16 日在世界贸易组织对中国、欧盟、加拿大、墨西哥和土耳其提起贸易诉讼，声称美国以国家安全为由征收钢铝关税"合理"，而这些经济体对美国钢铝关税采取的反制措施则"违法"。美国这种做法实属强盗逻辑，是在玩弄双重标准、践踏国际规则，其霸凌行径已遭到其他世贸组织成员的共同抵制。

钢铁和铝属国际贸易大宗产品，绝大部分属于民用产品。如果说钢铁和铝进口危害国家安全，可以说没有任何产品不危害国家安全，禁止所有国际贸易才不会危害某国安全。以"国家安全"为由对进口钢铝加征关税，完全是对世贸组织国家安全例外条款的滥用，将置整个国际贸易体系及多边贸易规则于危险之中，是对多边贸易体制的严重破坏。

美国商务部和国防部数据显示，美国钢铁进口量仅占其国内消费量的约 1/3，并且美国国防工业所需钢铁仅占其国内消费量的 3%。可见，美国国产钢铁足以满足国防需求，进口钢铁不可能危害其"国家安全"。国际贸易专家已反复指出，美国加征钢铝关税是赤裸裸的贸易保护，这已成为世贸成员的广泛共识，是谁在破坏和违反多边贸易规则一目了然。

其次，美国与其他经济体就钢铝关税进行豁免谈判，并逼迫对方实施"自愿出口限制"。这一做法试图让全球贸易重新回到配额时代，有违世贸组织禁止"自愿出口限制"规定。

美国商务部前官员、奥尔布赖特石桥咨询集团高级顾问亨利·莱文说，20世纪80年代美国政府曾多次要求日本"自愿限制"对美产品出口，但实践证明设定配额容易人为造成贸易扭曲。

美国一方面开征钢铝高关税，另一方面又出于政治经济考量对个别经济体给予关税豁免，奉行歧视性的双重标准，违反了世贸组织的最惠国待遇原则。美国弃多边贸易规则于不顾，大搞双重标准，逼迫部分经济体对出口自我设限，而对另一些经济体又给予豁免，唯美国之利是图，严重扰乱国际贸易秩序。

再次，其他经济体反制美国钢铝关税，是维护世贸组织基本原则和捍卫多边贸易体制的正义之举，也是敦促美方遵守世贸组织义务的必要之举。美国自己加征关税，却不许他人反制，是典型的强盗逻辑。

当前以世贸组织为代表的多边贸易体制是世界各方共同协商建立起来的，对包括美国在内的160多个世贸组织成员都具有约束力。作为全球最大经济体和世贸组织创始成员，美国贸易霸凌主义做法已威胁到多边贸易体制的根基，其他经济体如不奋起反击，国际贸易体系必将退化到只认强权的"丛林法则"。

（摘编自《人民日报海外版》2018年7月23日，作者：高攀、朱东阳）

荒谬的药方治不了美国的病

近日，美方突然公布了拟对价值 2000 亿美元从中国进口的商品加征关税清单，使贸易战加速升级。这是一种显然会伤害中美双边贸易，并将危害世界经济的挑衅行为，我们不禁要问：美方采取如此蛮横举措，道理何在？

几位美国高官近日倒也在不断重复一套说辞，声称美国在对华贸易中受到了"不公平待遇"：中国通过"强制技术转让"手段，"盗窃"了美国技术，由此获得"不公平优势"。这套说辞来自 2018 年早些时候发布的"对华 301 调查报告"，这份报告成了美方制定针对中国航空航天、信息技术、机器人和机械等领域产品加征关税清单的理由，而之后的 2000 亿美元清单理由则是中国采取反击措施。

美方这套理由及依此而生的举动是否站得住脚呢？对于"对华 301 调查报告"，就连美国自己的智库——彼得森国际经济研究所都忍不住站出来驳斥。该所发布研究报告指出，在知识产权方面，美国恰恰从中国获得了巨大的利益：近十年来，中国付给外国企业的技术许可费用增长了 4 倍，2017 年达到近 300 亿美元，美国是其中最大获益者，收益增速也最快，2017 年增幅达 14%。中国公布数据显示，2017 年，中国对外支付的知识产权使用费达到 286 亿美元，比 2001 年加入世贸组织时增长了 15 倍之多。

实际上，美国"对华301调查报告"混淆了微观层面的技术转移与宏观层面的技术扩散。在微观层面，外资企业对中国企业的技术转让主要是"技术使用有偿许可"，外资企业的技术所有权不但没有受到影响，反而获得了收益。这种契约是商业谈判形成的互利互惠合作，是典型的市场行为，政府无需干预。中外企业的技术合作和其他经贸合作完全是基于自愿原则实施的契约行为，多年来双方企业都从中获得了巨大利益。这也正是美国每年从中国获取大量知识产权收益的主要来源。

而在宏观层面，技术扩散是一种普遍规律，像"阿拉伯数字"扩散到全世界、电力技术普及到每个国家都是技术扩散现象。把"对华301调查报告"的逻辑用在美国自己身上的话，1886年德国人卡尔·本茨发明了世界上第一辆汽车，7年后美国人杜里埃造出了美国第一辆汽车，难道说美国"盗窃"了德国的汽车技术？

荒谬的逻辑不会带来合理的行为。主动挑起贸易战能给美国带来经济好处吗？当今是全球价值链时代，大多数产品都产自贯穿多个国家的价值链。如果把全球价值链比作一张电网，把消费比喻为灯泡，把生产环节比喻为开关（电门），就会发现，不同国家的灯泡和电门数量各不相同。美国灯泡最多，但电门较少，消费的多，生产的少。美国挑起贸易战相当于想关掉别国一些电门，但他没想到自家电门也会被别人关。美国电门总数少，一旦贸易战成为持久战，必败无疑。

美国挑起贸易战从理由到举动都站不住脚。之所以在世界面前显得"不按常理出牌"，实际上是因为理性的大国都不会拿出这样荒谬的理由和举措。

美国还有高官声称，美国经济正在"以最好的状态迎来贸易战"，论据是高涨的美国股市和超低的失业率。果真如此吗？当前，美股标普500指数水平超过金融危机前最高水平2倍，销售数据仅涨了不到50%，衡量美股泡沫程度的关键指标"周期调整市盈率"则为32.33，已超过金融危机爆发点时的 26.2，说明泡沫巨大。同时，美国失业率虽低，但衡量有多少人处在工作状态的劳动参与率也连创新低，说明低失业率其实来自于大量的人干脆放弃找工作了。

贸易战，美国表面上咄咄逼人，实际上"阴虚火旺"。其国内结构性问题不解决，怎么对外撒泼都不能治根。

（摘编自《人民日报海外版》2018 年 7 月 13 日，作者：贾晋京）

贸易战能否"让美国再次伟大"？

美国发动贸易战表面上针对其他国家，但向世界产业链开火，产业链上的所有国家和企业都会利益受损，其他国家或企业可能比贸易战针对的国家损失更大。

美国对外强硬的贸易政策破坏了第二次世界大战后国际贸易体系的秩序。为了对抗美国的霸凌政策，受到不公平对待的国家被迫纷纷奋起反击，世界正在滑向全面贸易战深渊。

美国总统特朗普自诩是"最聪明的人"，有一定的国际投资经验，不可能不懂国际经济。他看似鲁莽行为背后是做了精巧算计的，但是低估了这些"计策"给美国自身造成的负面冲击。特朗普曾信心满满地表示，如果贸易战爆发，美国很容易赢，因为其他国家更需要美国市场。这一说法在二十世纪三四十年代可能成立，但在当前产业链和价值链已高度国际化的背景下，坚持这一想法就"失之毫厘，谬以千里"了。美国经济学家克鲁格曼估算，若特朗普对全球其他国家发起全面贸易战，将导致全球关税水平提升 30%—60%，世界贸易将萎缩 70%，全球经济将衰退 2%—3%。美国不是孤立的岛屿，在世界经济衰退的大潮下，美国不可能独善其身。因此，美国民调机构拉斯姆森针对中美贸易战影响的专项调查显示，62% 的民众担忧中美"可能的"贸易战，其中 32% 的人表示非常担心。

毋庸讳言，当前的国际经济体系有其内在缺陷，美国有抱怨，新兴市场国家也有不满。然而，美国的正确选择应是与其他国家一道弥补不足，而不是彻底推翻整个体系。这是解决当前国际经济体系中存在问题的唯一正确方向。当前的国际经济体系是从第二次世界大战废墟中建立起来的，更是美国和全球经济增长、稳定和安全的基础。美国识别缺陷并加以修复，才能实现所谓的"让美国再次伟大"，抛弃该体系只会适得其反，欲速则不达。

美国对其他国家发动贸易战短期内会直接冲击美国国内涉外经济行业部门，高关税造成的成本提高将通过产品或服务价格的上升向下游传导，最终让美国民众买单。从更大的国际格局看，特朗普的政策实际上是用政府有形的手强制性干预了国际产业秩序，打断了自然形成的国际分工，降低了国际经济依市场规律运行的效率。

据美国彭博社的报道，自 2018 年以来，特别是美国总统特朗普于 3 月 1 日宣布对进口钢铁铝材加征关税以来，美国钢铝材价格一路攀升，美国的钢铁价格处于十年来的最高点。美国的基准钢铁价格指数 2018 年已经上涨 37%。基准铝价指数已经上涨 12%。而特朗普推行的钢铝关税则是钢材加收 25%、铝材 10%。也就意味着美国的钢铝价格涨幅已经超过了钢铝关税的税率。与之相比，2018 年西北欧的钢价仅上涨 2%，东南亚仅上涨 8%。美国大豆协会执行董事瑞恩·芬德雷称，中国对美国大豆征收关税对美国农户造成很大冲击。芬德雷在接受 CNBC 采访时，呼吁特朗普改变其不当政策，保护美国农户。美国船舶制造协会发表声明称，特朗普贸易政策令游艇价格上涨，由于购买游艇通常只是为了休闲娱乐，属于弹性需求，消费者对产品的价格变化会非常敏感，涨价将导致游艇需求量下降，最终影响到美国船舶业 65 万从业人员的就业情况，许多规模小的造船厂将会面临裁员的危机。该协会高级副会长瓦西拉罗斯称，未来 2—3 个月，如果经贸摩擦态势没有好转，许多船厂都将会裁员。

事实上，美国的贸易保护主义不仅不会改善贸易失衡，反而会加大美贸易逆差。美国增加贸易税，在世界上造成不确定性，其结果是让资本从其他经济体向美回流，在短期内推升美元，削弱美出口产品价格竞争力，让美出口更少，进口更多，进一步加剧贸易失衡。

美国对外贸易战增大了美联储动用货币政策防范经济、金融风险的压力。近期，美联储公布 2018 年 6 月议息会议纪要及美联储主席鲍威尔最新表态看，美联储对贸易政策或抑制商业投资和削弱经济增长的担忧日益加剧，认为与贸易政策相关的不确定性和风险加剧，最终会对企业信心和投资支出产生负面影响。此外，美元走强对一些新兴市场造成的冲击，引发金融风险恐慌。

不止于此，美国发动的贸易战扰乱了国际供应链。诚如康奈尔大学贸易政策教授艾斯瓦尔·普拉萨达所言，中美两个最大经济体之间的贸易摩擦可能导致两国之间贸易和投资流动的扩张戛然而止，同时也会扰乱两国企业赖以生存的复杂全球供应链。特朗普激进的贸易措施，最终伤害的是他原本声称想帮助的工人和企业。目前大量美企依靠低贸易壁垒建立国际供应链，以此降低成本并提高效率。但在美国高关税政策下，国际供应链存在崩溃风险。美国彼得森国际经济研究所最新研究称，此次美国对华关税清单中计算机和电子产品中，受影响的中国厂商仅占 14%，但受到波及的供应链中其他国家企业将高达 86%；其他制造业中，受影响的中国厂商占 32%，但受打击的其他国家将占 68%；电器设备及零部件，受影响的中国厂商占 37%，受冲击的供应链上其他国家则占 63%；机械设备，受波及的中国厂商占 41%，其他国家则占 59%；即使中国占优势地位的化学品贸易中，供应链上受波及的其他国家也占 15%。因此，美国发动贸易战表面上针对其他国家，但向世界产业链开火，产业链上的所有国家和企业都会利益受损，其他国家或企业可能比贸易战针对的国家损失更大。

当前，特朗普更应警惕的是，其无视 WTO 规则的做法若被其他国家效仿，大家均以维护国家安全为由，绕开 WTO 体系，对美采取贸易保护主义、加征关税，对美企业进行定向执法，这将让美国利益遭受更大损失。

（摘编自海外网 2018 年 7 月 19 日，作者：余翔）

贸易战对全球影响究竟有多大？

> 美国特朗普政府全面出击的贸易保护主义政策实践，给世界经济增长前景蒙上了阴影，使得以 WTO 为基础的多边贸易和投资体系陷于巨大的危险之中。

2017 年，世界经济已经实现了 2008 年金融危机以来最为广泛的经济复苏，全球有 120 个经济体实现经济增长。同时，全球贸易也实现了危机以来的最快增长，2017 年全球贸易实际增速达到 4.9%，危机以来首次超过世界 GDP 的增速。然而，当前世界经济增长的基础尚不稳健，长期增长的动力机制尚在酝酿过程之中，多边贸易和投资体系面临重大变革，国际分工和全球生产价值链有待完善和发展。在此背景下，美国特朗普政府全面出击的贸易保护主义政策实践，给世界经济增长前景蒙上了阴影，使得以 WTO 为基础的多边贸易和投资体系陷于巨大的危险之中。

贸易保护主义冲击世界经济复苏

2018 年，世界经济的复苏势头开始趋缓。根据 IMF 的预测，2018 年日本、英国以及欧元区中的多数国家经济增速均出现下滑。就目前来看，

JP 摩根全球制造业 PMI（采购经理指数）和 OECD（经济合作与发展组织）国家制造业信心指数等先行指标都已经开始回落，其背后一个很重要的原因是主要发达经济体产出缺口已经由负转正。2016 年以来，日本、英国和欧元区经济稳健复苏，但由于潜在劳动供给和劳动生产率的增长情况并不理想，主要发达经济体未能扭转潜在经济增速的下降趋势。目前，日本、英国和欧元区的产出缺口都为正值，产出缺口由负转正意味着需求扩张对供给的拉动作用不断减弱，GDP 增速上升的势头开始扭转，宏观经济政策的空间显著缩小。

金融危机以来，主要发达经济体在内部面临收入差距扩大和低收入群体实际收入下降的问题，在外部面临多边贸易体系濒于失效和进展陷入停滞等情况。在经济增速下滑和宏观经济政策空间缩小的背景下，这些经济体在对外贸易政策上采取保守措施的可能性加大。未来较长一段时期内，发达经济体最重要的任务是促进经济潜在增速的提高。对内调整产业结构和重塑经济增长基础，对外进行国际分工和全球价值链的重构，以及多边贸易与投资规则的重建。贸易保护主义政策正是配合这些任务的策略之一，只是这种行为短期有效，忽略了对经济长远发展的考虑。

在这样的背景下，作为全球第一大经济体、全球最大的净需求市场以及多边贸易与投资体系曾经的创立者和领导者，美国为在国际贸易和投资规则和体系重建过程中增加博弈的筹码，一意孤行发动贸易战，会带来强烈的示范和竞争效应，引发贸易保护主义的全面抬头，对刚刚复苏的全球贸易和世界经济产生极大的负面影响。标普首席经济学家格伦沃德曾预言，特朗普发动贸易战，全球经济增速或下滑 1%。

贸易保护主义危及多边贸易体系

特朗普政府的贸易保护主义政策可能使现行以 WTO 为基础的多边贸

易与投资体系陷于崩溃的危险。对于现行以 WTO 为基础的多边贸易与投资体系，特朗普及其政府官员的各种言论令人担忧。"美国不应该简单盲目地凡事都以 WTO 规则为准""WTO 承诺并非宗教义务，不会（也不应当被解释为）侵犯国家主权，更不会受制于某个 WTO 警察机关的威压"，甚至还有"WTO 是灾难，对美国很不公平"的声音，诸多言论似乎是历史重演。在布雷顿森林体系后期，美国政府官员也曾在不同场合、用不同方式表达出同样一种态度，那就是，"美国不应受制于布雷顿森林体系下的义务，不应该自绑双手参与全球竞争"。之后，尼克松政府便在 1971 年关闭黄金窗口，宣布不再承担其他国家政府用美元兑换黄金的义务。这是对全世界的公然违约，也使得由其主导创立的布雷顿森林体系彻底崩溃。

而当前，争端解决机制是多边贸易体系的重要基石之一。近年来，美国频频插手 WTO 事务，阻挠 WTO 争端解决机制的大法官的遴选和任命，使得争端解决机制陷于瘫痪状态；对于 WTO 争端解决机制的最终裁决，对自己败诉案件拖着不执行；甚至提出修改 WTO 仲裁规则。美国政府的这些言论和做法使得现行多边贸易体系陷于极其危险的境地。一方面，多边谈判和磋商进展缓慢，多边贸易和投资规则难以及时完善和更新。另一方面，WTO 现有的规则体系也得不到尊重和遵守。

美国特朗普政府的贸易保护主义政策，不仅直接违背现有的多边贸易与投资规则，对以 WTO 为核心的多边贸易和投资体系形成直接挑战，而且会加剧全球经济增速下滑的势头，并引发贸易保护主义的全面抬头，给世界经济的增长前景蒙上阴影。

（摘编自海外网 2018 年 7 月 20 日，作者：于春海）

中美贸易合作，美国吃亏了？

> 总体而言，美国从对外贸易中收获了就业，而非损失了就业。

在美国国内尤其是政界经常存在一种声音，美国的失业尤其是制造业失业是由其对华贸易逆差造成的，对华贸易逆差是"罪魁祸首"。以此来批评中国对美贸易顺差给美国带来损失。这种观点认为，中美贸易中，美国是吃亏方，中国是受益方。如美国白宫首席贸易顾问就声称，2001年以来对华贸易逆差致使美国损失数百万个制造业就业岗位。

上述声音存在的基础是，确实有不少研究得出对华贸易逆差是美国失业的主要原因。2013年10月，美国最顶尖的五个经济学期刊之一《美国经济评论》（The American Economic Review）发表了一篇题为《中国综合征：进口竞争对美国地方劳动力市场的影响》（以下简称《中国综合征》）的论文。该论文的三位作者是David H. Autor、David Dorn和Gordon H. Hanson，分别来自麻省理工学院经济系、西班牙货币与金融研究中心、加州大学圣地亚哥分校国际关系与太平洋研究学院。"中国综合征"的概念来自于1979年美国放映的一部环保电影。电影中有一句台词："如果核反应堆的冷却水烧干，可能会发生很可怕的事，会把地球烧穿，而美国的地球另一面是中国。"从广泛意义上，这其实是指事物之间的相互影响。在这篇论文中，"中国综合征"主要是指中国经济崛起的影响。美国诺奖得主克鲁格曼曾在其专栏中推荐过该文，有美国议员将该文作为批评中国贸易顺差、敦促人民币升值的依据，《华尔街日报》还专门报道过该文的研究结果。

《中国综合征》侧重研究了"中国综合征"的一个方面，即快速增长的中国出口（贸易顺差）对美国各地方劳动力市场的影响。研究结果表明，中国出口增加了美国地方相应制造业产业的失业、降低了劳动参与率和工资，美国制造业就业的总损失中有 25% 是由中国出口造成的，政府在失业、残疾、退休和医疗等方面的转移支付也相应地快速增加。

从学术的角度而言，该文存在诸多待完善之处，从而结论有失偏颇。第一，该文的研究太过片面，仅仅考虑了中国贸易对美国劳动力市场的影响，而未考虑中国贸易对美国资本要素的影响。第二，如果考虑全球价值链，中国对美国的贸易顺差并没有表现得那么大，因此，《中国综合征》高估了中国贸易顺差对美国劳动力市场的影响。第三，无论美国劳动力市场如何受到短期冲击，美国通过与中国的贸易提高了自身的整体福利。

此外，美国经济政策研究所（Economic Policy Institute，EPI）研究员 Robert E. Scott 2017 年初也发表过一篇研究报告，其结论是，2001—2015 年期间，美国因对中国的贸易逆差损失 340 万个就业岗位。该文也存在诸多不严谨之处。

与此相反，也有不少其他学者的研究表明，美国的失业主因在于自身经济结构调整，而非对华贸易逆差。美国明尼苏达大学和明尼阿波利斯联邦储备银行的 Timothy J. Kehoe、宾夕法尼亚州立大学的 Kim J. Ruhl 和多伦多大学的 Joseph B. Steinberg 等三位学者的文章《全球失衡和美国的结构性变化》2018 年发表于美国五大顶级经济学期刊之一的《政治经济学》。该文建立了一个动态一般均衡模型，是第一个用理论模型研究贸易逆差对美国就业影响的文章。该文发现，1992—2012 年美国货物部门的失业下降仅仅 15.1% 是由贸易逆差引起。考虑到对华贸易逆差仅占其总贸易逆差的一部分，对华贸易逆差对美国失业的影响更小。实际上，美国绝大部分失业源于不同部门生产率增长的不同，制造业生产率相比服务业增长更快。如果美国改变低储蓄的现状，其贸易逆差会改变，但是货物部门就业率会继续下降。也就是说，该文的研究表明，对华贸易逆差并不是美国失业的主因。

事实上，应该客观看待贸易和就业／失业的关系。对外贸易确实会对某些劣势产业造成负面影响，从而造成失业，但同样会让自身优势产业扩张，从而创造就业。加利福尼亚大学戴维斯分校的 Robert C. Feenstra 和爱达荷大学的 Akira Sasahara 在 2017 年 11 月发表于美国国民经济研究局（NBER）的名为《中国冲击、出口和美国就业：一个全球投入产出分析》的工作论文中指出，尽管美国从中国的货物进口导致 140 万个制造业就业和 60 万个服务业就业损失，但美国出口同样创造了 200 万个制造业就业、50 万个资源型行业就业和 410 万个服务业就业（合计创造 660 万就业）。1995—2011 年，仅仅货物贸易而言，美国对世界出口相对从中国进口而言，净创造就业 170 万。总体而言，美国从对外贸易中收获了就业，而非损失了就业。

从简单的数据对比来看，美国对华贸易逆差和失业率也并没有太强的相关关系。图 1（见下页）描绘了 1993—2016 年美国货物贸易逆差总额、对华贸易逆差、失业率、劳动参与率等。可以看出，美国贸易逆差总额和对华贸易逆差整体呈上升趋势，但美国失业率并没有表现出与此相同的上升趋势。反而是，2010 年以来，在美国对华贸易逆差增加的情况下，其失业率却持续下降。当然，失业率是劳动力人口中的失业人口所占比例，其劳动参与率可能本身就下降了，一些失业人口可能直接退出劳动力市场。但 1993 年以来的 20 多年里，美国劳动力参与率仅下降 3.04 个百分点，而且劳动参与率的影响因素很多，很难就归咎于美国的贸易逆差。

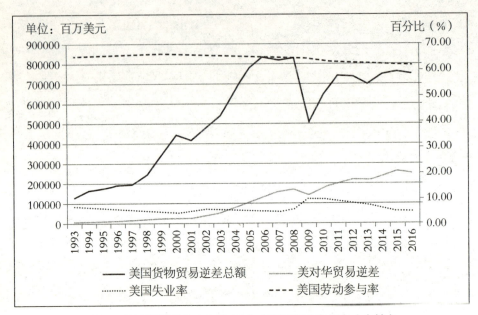

图1　美国贸易逆差（左轴）、失业率和劳动参与率（右轴）

　　总之，将美国对华贸易逆差当成其失业的"替罪羊"并不科学，美国也并非因为和中国的贸易就损失了福利。国际贸易对双方都带来好处，美国不应仅仅盯着贸易逆差。

（摘编自海外网－中国论坛网 2018 年 7 月 20 日，作者：苏庆义）

来，听听美国业界的声音

损害美国的制造业复兴

发言者：Ed Brzytwa，美国化学理事会（American Chemistry Council）

作为美国化学产品生产商的代表，基于两点重要原因，我们要求管理部门将所有的化学以及塑料制品从加征关税的清单上面移除。

第一，有可能损害美国的制造业复兴，且会对美国的经济利益产生反作用。过去 10 年，美国已经宣布的化学品制造业投资额达到 1940 亿美元，加征关税会使这其中近一半面临风险。这不仅会影响到我会会员公司，且会增加购买美国制造化学品的下游行业的成本，包括农民和制造商，削弱美国化学工业和美国整体竞争力。

第二，会引发中国的反击性关税。在中国反击清单 2 所列的 114 种产品中，有 54 种是化学品、塑料及塑料制品。从 2018 年 6 月 20 日起，中国已经开始反击。其清单将影响美对华出口化学品中价值 54 亿美元的产品。如果美国继续加征 25% 的关税，中国的报复清单 2 已经是一个明确的信号：它将再次反击。

美国化学理事会支持政府解决对于中国的关切的努力，但我们坚信，这些长期存在的问题，应该通过建设性的谈判、WTO 的执法来解决——这也是解决问题的唯一可能，而非通过恶化世界上最重要经济关系的方式进行。有充分的证据表明，加征关税会导致下游生产商成本上升、消费者物价上涨、减少下游行业的就业机会，并对美国的经济增长、投资和创新产生负面影响。

对美国半导体供应链极为有害

发言者：Jonathan Davis，国际半导体产业协会行业倡导全球副总裁

我们行业依赖遍布全球的复杂而广阔的供应链。根据美国政府的数据，美国从中国进口的这类产品中有超过 40% 来自总部在美国或美国所有的公司，这意味着美国公司也会（因关税）遭受与中国竞争对手相同乃至更多的损失。

美国是半导体行业全球领导者，半导体、飞机以及大豆都是美国对中国贸易顺差大的贸易。通过允许公司更好进入国外市场，贸易促进了研发，推动创新与增长。征收关税会影响贸易机会进而使得创新枯竭，出口机会也变少。

因此，我们认为征收 25% 关税对美国半导体供应链极为有害。按照提议实施的关税算，出口减少以及每年额外税收和收入损失将超过 5 亿美元。这一行动将扼杀创新并使千万个工作岗位面临风险。

不可能在美国复制这些工厂

发言者：Gregory Husisian，Foley&Lardner 律所合伙人

Alps North America 是电子开关和控制器的领军供应商。它通过销售这些产品使买家能够开发和生产电子配件，如感应器、开关、电容式触控面板等，这些电子配件会被安装在汽车系统上、汽车娱乐信息系统以及其他

熟悉的电子设备里。

但是，生产和销售这些配件是一个低利润率的行业。想要营利就要依靠遥远的全球供应链。只有如此，Alps 才能满足全球各地消费者对高度可靠、低廉的电子元件的需求。

Alps 的产品大部分是自己或附属厂房生产的，我们不可能在美国复制这些工厂。通过从中国工厂进口这些产品，Alps North America 支持了美国的创新活动，美国的下游生产以及优质的高薪制造业岗位，进而支持了美国经济。

Alps North America 每月向美国汽车、家居用品和电子行业等领域的主要美国生产商销售数百万美元零件。如果对这些产品征收 301 条款关税，Alps North America 将别无选择，只能将这些关税转嫁给客户；相同的电子零部件，我们的竞争对手却无需支付任何关税便可进军海外。

影响我们绝大多数业务

发言者：Kate Cumminsky，美国赛尔马克有限责任公司安全与合规经理

我们是全球化学品供应商。我想说，强征关税将影响美国化学品经销商。加征关税后，为了维系顾客、维持竞争力，我们需要花长时间、高成本去与新的生产商、顾客建立纽带关系，这个过程一般需要半年到 1 年的时间。每与一个新的生产商建立纽带关系，就得花费大约 1 万美元，每增加一位新顾客，就得花费 2000 美元，而且产品交付给市场的过程中，还会面临数月负面影响。

如今，我们更担心的是，对中国产品加征惩罚性关税将影响我们在美国的绝大多数业务。若以这种方式扰乱市场，极有可能给安全供应链带来风险。

对医保系统和消费者产生重大影响

发言者：Jim Pigott，Medline 私营医疗供应公司代表

Medline 是美国最大的私营医疗供应公司。我们销售超过 20 万种不同的医疗产品。加征 25% 关税不会有助于实现 301 条款的目标，且会对我们的 19 个低利润业务部门产生不成比例的负面影响——这将会极大地影响医院、消费者和医疗界。

我们进口的是价格低廉、技术含量低、产量大的产品，不受专利保护。我们从未被要求将任何技术或知识产权转让给中国。

加征关税会对我们的业务和客户产生重大影响。短期内，关税将对我们的盈利能力产生负面影响，进而影响到我们在美的投资和就业。短期内改变我们的供应链并非实际可行的解决方案，将这些低技术产品的生产制造转移回美国并非可行选择。

针对这些低利润产品加征 25% 的关税不会推进 301 条款的目标，且可能对医疗保健系统和美国消费者产生重大影响。

我们没有被要求转让技术

发言者：Slone Pearson，Fortive 公司全球贸易法律顾问

Fortive 公司是多元化的工业集团，年收入 67 亿美元，拥有 23 家运营企业。我们为终端市场的工程产品、软件和服务提供设计、研发、生产和销售。我们在 27 个州拥有 127 家设施、1.3 万名美国员工。

我们认为拟议的补救方法过于宽泛，不符合 301 调查目标，而且将产生意想不到的消极后果。我们要求美国贸易代表采取明确的豁免措施，以确保补救方法本身是合理的，而且不会对美国商业造成限制。

我公司及下属企业在中国运营已有几十年。几十年来，我们没有受到301调查中的中国政府政策的影响。我们没有被中国政府要求转让技术，也没有被要求转让知识产权。相反，我们已经在中国建立了完善的知识产权保护计划。

我们认为加征关税对我们这样的公司是不公平、不正确的，也是不合逻辑的。对于外商独资企业加征关税将不会达到预期效果。这么做只会损害美国自己的公司和员工。

美国似乎在远离自由贸易体系

发言者：Aaron Padilla，美国石油学院（API）高级咨询员

API是美国唯一的天然气和石油产业的贸易委员会，我们近620名成员涵盖了勘探和生产、炼油、营销、管道和海运业务等。天然气和石油工业在美国贡献了1030万就业岗位。不幸的是，政府对钢铁和其他进口商品征收的关税阻碍了就业机会的增加和经济增长。

301条款的关税已经影响了大约100种产品。我们的行业依赖于这些组件来制造美国的油田设备，这些设备要么部署在国内石油和天然气生产中，要么出口到全球市场。扩大目前的301关税清单，将对美国天然气和石油工业造成巨大的经济损失，更将损害美国的国家安全以及曾经负担得起能源价格的美国消费者。

我们的产业也会遭到来自中国的反击，包括公布对美国原油的关税以及已表明其征收意向的精炼产品。中国约占美国原油出口总量的20%，但很容易转向其他国家，比如伊朗、俄罗斯等美国的竞争对手。

美国似乎在远离自由贸易体系的道路，转而寻求管控贸易，在这一贸易体系下，美国所有的贸易和投资关系都依赖于双边关系下的谈判协商。这一政策在制定过程中缺失的透明度以及不充分的征询，对美国的投资、就业和消费都尤其有害。

关税清单将成为钉棺材的钉子

发言者：Jane Hardy，Brinly-Hardy 公司 CEO

我们的公司生产住宅和商业草坪及园林绿化设备，最近生产住宅区的供暖设备，在印第安纳州有 200 名雇员。我公司起源于 1839 年，我们已经努力奋斗了 179 年使自己改变并生存下来。我们历经战争、经济萧条和衰退，但是我认为我们无法在最近的关税行动中存活下来了。

我们的钢材合同 2018 年 4 月份到期，2018 年 4 月份随之而来的是 232 条关税的宣布；我们的供货商对我们提高了 25%—37% 的价格，使我们大受打击。我们的供货商最近没有，将来也不会有下调价格的打算。我们公司不够大，不能抵抗这些加价，并且我们也不会将价格的增加传导到我们的购买者身上。

我们生产的产品来源自美国和许多其他国家的供应商，但主要来源自中国。这些不是高科技产品，我们可以从任何地方购入，并且我们可以调整设计以适应竞争。但是很多部件都列于 301 关税清单上，我们在美国和亚洲采购的元件都受到了影响，成本至少增加了 25%。

我们最近重新设计并改进了我们的产品线，在工具上的投资超过了 40 万美元，我们的产品在业内是高端品牌，我们如果为了抵消 25% 的关税而提高价格，我们的产品就卖不出去了，上千承包商也会受到影响。

该产品对我们很重要。关税清单将成为把我们企业钉进棺材里的钉子。我们不得不进行大规模的裁员和减薪。

长期存在的市场可能会永远消失

发言者：凯文·克莱默（Kevin Cramer），北达科他州众议员

我代表的是北达科他州农业生产者以及制造商，他们目前已经感受到了中国实施反击性关税带来的直接影响。中国通过对美国商品征收关税进行报复，包括对美国大豆征收 25% 的进口关税。

北达科他州是十大大豆种植州之一，今年大豆种植面积约 660 万英亩，创下该州历史记录，大豆种植面积史上首次超过玉米种植面积。2018 年 8 月早些时候，中国商家取消了在北达科他州的所有专业供应食品级大豆确定订单，价值接近 150 万美元，占据北达科他州专业供应食品级大豆年度订单的 5%。

从 2018 年 4 月起，大豆价格跌近 17%，直奔收支平衡价位。2018 年 8 月，每蒲式耳大豆仅约为 8.47 美元。随着大豆价格下跌，玉米价格也下跌，比去年同期跌近 6%。农业的经济周期是 1 年。

北达科他州的商品运往太平洋西北部地区以外的市场没有可行的运输路线。运输障碍可能会影响大豆的基础价格。人们普遍担心长期存在的市场可能会永远消失。在农业方面，收成不好的一年或许就意味着很多生产者失业。

对成千上万的员工带来威胁

发言者：Richard Baillie，Baillie Advanced Materials 公司董事长

加征关税会对国内氟聚合物带来毁灭性影响，有损我们的竞争力，减少就业、恶化投资。氟聚合物是包括医学植入物、炊具、半导体、军事及航空应用等在内的一系列美国国产产品的成分，对我们的经济至关重要。

如果对这些产品加征关税，将对美国氟聚合物工业造成严重且无法弥补的损失，美国许多企业都将为此受伤。

在美国，这类企业有超过 4000 家，他们拥有成千上万的雇员。我们行业雇用的都是高技能员工，包括数千名机械师，他们都致力于生产聚四氟乙烯。我们行业销售了数十亿美元聚氟树脂，这些聚氟树脂最终被转化成数百亿美元的产品，对美国经济至关重要。

氟聚合物行业面临全球性供应短缺，美国没有能力自给自足，国内生产商没办法满足我们的要求。美国的氟聚合物工业正在成长。拟议的加征关税将对成千上万的员工带来威胁。

损害公司竞争力和自我完善能力

发言者：Greg Merritt，科瑞公司副总裁

科瑞是一家美国先进的生产功率半导体的公司，这种元件运用在电动汽车充电、太阳能逆变器、储能、计算机和工业能源领域。过去 10 年投入 13 亿美元进行研发，使我们获得超过 2200 项美国专利。

功率半导体是一种非常复杂的高科技。这个过程涉及数百种半导体的制造，历时 6 到 20 周。

碳化硅技术在中国尚未成熟。我们的目标就是维持美国在这些方面的技术优势。为了保持优势，我们必须继续快速增长，通过由中国生产商带来的巨大活力。

任何降低我公司投资和继续增长的事情，都将会导致中国生产商进入市场并获得动力。

半导体最后在中国被包装，这是一个非常小的增值操作。完成后销往世界各地，并且我们 45% 的商品将销往中国。因此，加征关税使美国消费者很可能不会购买本公司的功率半导体，销售上的损失，则会损害公司在扩大市场上的竞争力以及完善自身产品的能力。这将会为中国进入世界市场提供机会。这肯定会给经济造成损害。

代价将转嫁给美国消费者

发言者：Stefan Brodie，Purolite Corporation 董事长兼 CEO

我们公司是美国仅有的两家制造离子交换树脂的公司之一。目前全球离子交换树脂严重短缺。我们并不期待这种短缺状态能在近期改善，短期内出现新生产者也不现实。这个行业需要数千万美元的资金、许多年的时间才能获得许可、新建工厂并使用。

从长远看，由于美国国内此类产品供给下降，加征关税会将代价转嫁给美国消费者以及净化饮用水、食品供应链、废水处理、化学品等行业。更关键的是，这种美国国内的进一步短缺，意味着饮用水内的多种污染物可能无法以经济的方式进行处理，导致消费者体内这些污染物含量将提升，甚至重演发生在弗林特的水污染事件。

这个行业在全球的总销售额不过 10 亿美元，来自中国的进口也不超过 1 亿美元；这么小的规模，中国政府从来就没有将其当作战略性超越技术或者是制造业的重点。

6000 个就业岗位处在危险边缘

发言者：Mike Gray，Valmet 北美资本运营公司高级副总裁

Valmet 是全球纸浆、造纸和能源产业的领先者。我们在美国有 15 家分公司，雇佣了 1200 名美国工人，为当地社区创造收入。目前的关税政策迫使我们调整供应链，这将导致造纸成本的增加，最终纸张的价格也会上涨。这样客户对于我们产品的需求就会下降，从而影响美国工人和我们的收入。

我们每年都会雇佣数千名美国工人去装配我们的设备，或从事维修售后工作。据统计，目前的关税政策将造成 6000 个直接或间接的就业岗位处在危险边缘；Valmet 公司的收入也会降低，对美投资率、美国的税收收入都会相应降低。

这一系列影响是不会随着国内生产的增加而抵消的。这些产品美国在15 至 20 年的时间内是造不出来的，美国目前也没有足够大的工厂制造我们所需的机器。如果真要在美国国内重新开始生产，那么要花很多年的时间重建工厂与设备。

最终会给美国家庭造成负担

发言者：Hun Quach，美国零售业协会国际贸易副总裁

美国零售业协会代表了一群全球最大、最有活力的零售业公司，这些公司创造 1.5 万亿美元的年收入和上百万个美国岗位。我们赞成政府要求中国注重支持产权的行为，但是加征关税的范围过于宽泛，许多并不涉及贸易违规，这么做仅会提高物价。

301 报复性关税只会对美国经济利益造成损伤，包括美国千千万万个家庭。所以我们希望能删除 45 条关税项目。否则，众多美国产品将会遭受损失。加征 25% 关税的行为最终会给美国家庭造成负担，尤其是中低层家庭。政府需要确保将日常用品排除在征收名单外，以免给美国家庭造成负担。

什么时候可以开始谈判

发言者：Craig Updyke，美国电气制造商协会贸易和商业事务总监

美国电气制造商协会代表近 350 家电气设备和医疗成像设备制造商，

这些企业在美国拥有 7000 多家工厂，提供了 36 万个工作岗位。美国电气制造商协会认为，中美之间应该通过更明确、有约束力和可执行的贸易规则，并遵守国际知识产权保护规范，确保更公平的竞争环境。

一些电气制造商协会的成员公司在中国开设工厂，生产自己的产品，还有许多公司从中国的合作伙伴那里采购成品和零部件。特别是，许多公司从中国采购零部件到美国，以支持在美国国内的制造业务。2018 年 7 月 6 日实施的 25％加征关税影响了约 100 种隶属或接近美国电气制造商协会制造范围内的产品。

对隶属于美国电气制造商协会范围内的 25 种产品征收相等的关税，会严重损害我们行业的全球竞争力，包括相关企业的制造业务及就业基地。25％的关税若按建议实施，意味着美国电子工业公司及其客户的额外征税增加了至少 5 亿美元。广泛的关税会伴随全球供应链的附带损害，最好避免。

如果主管部门认为关税是必要的，我们希望关税的使用范围比建议的缩窄，并且持续时间必须很短暂。如果关税是旨在让中国进行谈判，那我们的行业要问，什么时候可以开始谈判。

（摘编自《人民日报海外版》2018 年 8 月 10 日，编译：张红、申孟哲、宋爽、胡洁菲、刘凌、王晴、康朴、吴虚怀等）

美企一片反对　白宫一意孤行

这个世界上，可能除了白宫，没有人相信贸易战会有赢家。

近日，USTR 正式公布 160 亿美元自中国进口商品的关税清单，这些商品在 2018 年 8 月 23 日起被征收 25% 的关税。

中国商务部新闻发言人指出，美国此举又一次将国内法凌驾于国际法之上，是十分无理的做法。中方为维护自身正当权益和多边贸易体制，不得不做出必要反制，公布了同等规模的关税清单，同样将征收节点设在2018 年 8 月 23 日。

其实，美国的"无理"也受到众多美国企业的抱怨，2018 年 7 月 24—25 日的那场听证会可见一斑。

这场听证会不允许录音和拍照，美国媒体对此报道寥寥。但美国贸易代表办公室会后公布了听证会的文字实录，从冗长的 600 页英文报告中，我们可以看到美国发动贸易战的虚与实。

在一天半的时间里，美国 301 审查委员会广泛听取了 82 位各行业协会会长、企业创始人、CEO 等的发言，征求对 160 亿美元商品加征关税清单的意见。结果，76 人反对，只有 6 人赞同，有些企业代表担心加征关税威胁到自家企业发展，还有失业风险，发言近乎恳求。但大多数人的反对并没有改变结果。只是为了体现听证会的"民意"，美国政府将征税商品项数从 284 项减少到了 279 项。

什么是一意孤行，这就是。

从 82 位企业界的发言实录看，对中国商品加征关税必然会对美国经济发展造成影响，这已是共识。

美国汽车和零部件制造商协会（MEMA）说，MEMA 的中国供应商提供了制造业领域最多的工作岗位，直接影响 50 个州的超过 87.1 万个工作岗位。301 条款中相关内容，将使企业的生产成本"不成比例"地提高，为企业带来巨大损失，甚至使中小企业直接破产。而全球最大的便携式太阳能设备制造商 Goal Zero 直言，无法在美国找到合适的原材料供应商，因为一些定制化的配件只有中国一些小企业愿意对原材料进行深加工。生产住宅和商业草坪及园林绿化设备的 Brinly-Hardy 公司虽然有 179 年历史，但这次加征关税让他们的成本至少增加了 25%，他们哀叹"关税清单将成为钉进棺材里的钉子"。

很多企业在发言中都不约而同提到，他们基本上都从中国进口原料，因为没有美国本土货源可供替代，而且中国的货源已经供应多年，所占份额巨大。比如集装箱行业，97% 的钢制运输集装箱都是中国制造，相关企业 Mobile Mini 的法律顾问说："在我 20 年入行经验中，从未见过能到达美国海岸的、非中国制造的集装箱。"

与中国一样，很多美国企业同样深度融入世界分工体系，他们享受着来自中国制造的红利，受益于全球贸易体系，他们表示美国政府对中国"不公平贸易"的指责以偏概全。

不过，企业界摆事实讲道理，并没有打动美国贸易代表办公室。在美国贸易代表办公室看来，这场听证会根本不是企业"诉苦会"。从实录可以看到，美国贸易代表办公室的工作人员努力想从与会企业口中挖出中国侵犯知识产权、不公平贸易的证据。但绝大多数企业否认了这点。

比如美国领先的电动自行车生产商 Pedego 就说其所有的设计都在加州，在中国生产和组装完全不会涉及行业的重要科技、知识产权和创新。

电动自行车也完全不涉及"中国制造 2025"。

美国贸易代表办公室追问道:"你所提到的设计是哪种?担心知识产权被窃取吗?"Pedego 公司答道:"一点都不担心,因为不是科技上的,是审美上的。"

像 Pedego 公司一样,很多与会企业都否认了这次征税清单涉及"中国制造 2025",他们在中国也没有被窃取专利,中国也没有强迫美国公司转让专利。他们并不认为美国政府加征关税能达到让中国改变的预期目的。

很显然,美国企业的辩解并没有"打动"美国贸易代表办公室。美国政府早已为中美贸易战做了一个政治层面的预设前提,他们清楚对中国的指控并没有多少事实根据,大肆渲染所谓中国"不公平贸易行为",包括知识产权窃取行为、强制性技术转让行为、工业补贴等,只为服务一个目的——不能接受中国强大、不能容忍中国赶超,堵死中国在产业升级的关键阶段向上攀升的通道,摁住中国蓬勃发展的势头。所以,中美贸易战看似一场经贸摩擦,其实也是一场国运之争、国运之战。

看清这点,就能明白为什么一场听证会却成为"走过场","欲加之罪,何患无辞"便是这个道理。中国其实一直看得很透,中国商务部就曾说过:"美方出于国内政治需要和打压中国发展的目的,编造了一整套歪曲中美经贸关系真相的政策逻辑。"

这场听证会,就是一个绝佳例证!

（摘编自《人民日报海外版》2018 年 8 月 10 日,作者:独孤九段）

CHINA-US RADE FRICTION

第三编

世界由不得
美国胡来

在全球化时代，世界因自由贸易而繁荣而发展而多姿多彩。但是自特朗普上台以来，美国政府打着"美国优先"的旗号，逆全球化潮流而行，国际贸易一直阴霾笼罩。这是"一场单边主义与多边主义，保护主义与自由贸易，强权与规则之战"。中国外交部发言人的这句话，说透了这场贸易战的本质！

　　美方的行为正在伤害中国，伤害全世界，甚至伤害其自身。如此非理性的行为，无异于直接打击世界经济，在贸易领域搞"恐怖主义"。为此，全球怒批美国的贸易霸凌并采取反制措施。对自由贸易与全球化研究贡献突出而获得诺贝尔奖的著名经济学家克鲁格曼，更是直指美国的所作所为"正在摧毁整个世界"。

全球怒批美国贸易霸凌

2018 年以来，美国特朗普政府打着"美国优先"的旗号，逆全球化潮流而行，国际贸易一直阴霾笼罩。2018 年 7 月 6 日，美国开始对华 340 亿美元商品加征 25% 关税，挑起了人类经济史上规模最大的贸易战。

美国的贸易霸凌不仅针对中国，也面向全世界，欧盟、加拿大、墨西哥等都未能幸免。这不仅危害全球产业链和价值链安全，阻碍全球经济复苏步伐，引发全球市场动荡，还将波及全球更多无辜的跨国公司、一般企业和普通消费者。美国的这种贸易霸凌主义无异于在贸易领域搞"恐怖主义"。

中国国家主席习近平在上海合作组织成员国元首理事会第十八次会议上的讲话强调，我们要秉持开放、融通、互利、共赢的合作观，拒绝自私自利、短视封闭的狭隘政策，维护世界贸易组织规则，支持多边贸易体制，构建开放型世界经济。

"得道多助，失道寡助。"美国挥舞贸易保护主义大棒，不仅难撼中国，更会引火烧身，终将贻害世界。

美打响贸易战第一枪，中方作出必要反击

2018 年 7 月 6 日，是一个写入国际贸易史册的日子。

　　根据美国海关和边境保护局消息，美国于当地时间 7 月 6 日 00：01（北京时间 7 月 6 日 12：01）起对第一批清单上 818 个类别、价值 340 亿美元的中国商品加征 25% 的进口关税。作为反击，中国也对同等规模的美国产品加征 25% 的进口关税，并在北京时间 7 月 6 日 12：01 开始正式实施。

　　这意味着，迄今为止经济史上规模最大的贸易战正式开打。

　　中国有关方面在第一时间发表了谈话和回应，态度非常明确。

　　商务部新闻发言人指出，中方承诺不打第一枪，但为了捍卫国家核心利益和人民群众利益，不得不作出必要反击。中方再度重申，我们将坚定不移深化改革、扩大开放，保护企业家精神，强化产权保护，为世界各国在华企业创造良好营商环境。我们将持续评估有关企业所受影响，并将努力采取有效措施帮助企业。

　　同时，作为反制措施，7 月 6 日，中国已在世贸组织就美国对华 301 调查项下正式实施的征税措施追加起诉。

　　外交部发言人陆慷在 7 月 6 日的例行记者会上就此事进行了回应。陆慷说，中方始终反对单边主义行径，反对贸易投资保护主义。我们一直在尽最大努力推动有关方面客观认识全球化进程，理性处理贸易关系中出现的分歧和问题，但这需要有关方面相向而行。他表示，任何试图单方面施压都是徒劳的，任何人对此不要抱有幻想。在中国自身正当利益受到不公平对待的情况下，中方理所当然作出必要反击。

　　在保加利亚进行访问的国务院总理李克强也对贸易摩擦一事作出回应。在同保加利亚总理鲍里索夫共见记者时，李克强指出，中国从来不会主动挑起贸易争端，更不会主动打贸易战，但如果对方采取加征关税等做法挑起贸易战，中方必将采取相应反制措施。这既是维护自身发展利益，也是维护世贸组织规则。打贸易战不会有赢家，受损的不仅是双方的企业和消费者，还将影响世界经济复苏进程。如果执意为之的话，结果只能是损人害己。无论外部形势如何变化，中国将坚定不移深化改革、扩大开放，办好自己的事，使中国经济始终保持稳中向好。

7月7日凌晨，美国贸易代表处发布通知，宣布为那些会被贸易战影响的从中国进口产品的美国企业设置一个"关税豁免"，有需求的企业可以在90天内提出申请。美国贸易代表处会从"该产品是否在中国之外有可替代的货源""是否关税会严重损害提出申请的美国企业或是美国的利益"以及"该产品是否对中国的相关工业计划有重要的战略意义——比如'中国制造2025'"这三个方面来决定是否给出豁免，豁免权有效期为1年。

7月9日，商务部新闻发言人应询介绍了缓解中美贸易摩擦影响的有关政策考虑。中方在研究对美征税反制产品清单过程中，已充分考虑了进口产品的替代性以及对于贸易投资的整体影响。同时，中方将研究采取以下措施：持续评估各类企业所受影响；将反制措施中增加的税收收入主要用于缓解企业及员工受到的影响；鼓励企业调整进口结构；加快落实国务院6月15日发布的有关积极有效利用外资、推动经济高质量发展若干意见，强化企业合法权益保护，营造更好投资环境。

美施行贸易霸凌，国际社会强烈批评

2018年7月以来，美方挑起的贸易战频频引发各国强烈反制。加拿大已对价值约126亿美元的美国商品加征关税，墨西哥也已启动第二轮反击行动，对30亿美元美国商品加征关税。同样是在7月6日，俄罗斯也宣布将对美国部分商品加征关税。对于美国此次一意孤行挑起贸易战，国际社会强烈谴责，同时担心美国此举会扰乱世界经济。

日本内阁官房长官菅义伟表示，中美两国是世界上规模最大的两个经济体，两国贸易摩擦对世界经济将造成负面影响。国际货币基金组织总裁拉加德指出，美国需要对给世界贸易体系造成的"关税之伤"承担后果。世界贸易组织总干事罗伯特·阿泽维多发出警告称，全球贸易体系正在开始动摇。如果关税恢复到多边贸易框架签署前的水平，全球贸易额就会猛烈缩水六成，全球经济也会下滑 2.4%。这样的衰退将会超越 2008 年全球经济危机，世界各国民众都将尝到生活水平下降的苦果。

7 月 7 日新发布的《中国—中东欧国家合作索非亚纲要》申明，各方将共同建设开放型世界经济，推动经济全球化更有活力，更加包容，更可持续。

在 7 月 9 日的第五轮中德政府磋商中，德国总理默克尔表示，在当前国际形势下，德方愿同中方加强开放合作，共同对外释放维护多边主义、开展国际合作的积极信号。德方反对贸易战，主张维护以规则为基础的自由贸易。

欧盟委员会主席容克近日和李克强通话时表示，当前国际形势下，欧盟各国一致同意应采取多边主义政策。欧方期待在第 20 次欧中领导人会晤期间，同中方就支持多边主义、自由贸易等发出强有力的声音。

金砖国家第八次经贸部长会议也发表声明表示，金砖国家致力于坚定维护以世贸组织为核心，以规则为基础，透明、非歧视、开放和包容的多边贸易体制，坚决反对单边主义和保护主义，特别是对当前不符合世贸组织规则、将多边贸易体制置于危机中的单边措施予以强烈关注。

美国公然违反世贸组织规则、开历史倒车的行为已使自己在全球范围内处于被动位置，外媒也纷纷刊文，报道贸易战带来的危害，声援中国立场和声音。

英国《金融时报》报道，美国国内企业表示，已经开始感受到特朗普激进贸易政策带来的痛苦。美国《华尔街日报》网站报道了英国央行行长马克·卡尼的演讲。据英国央行测算，如果美国与其所有贸易伙伴之间的关税升高 10 个百分点，仅通过贸易渠道就可能使美国经济产出减少 2.5%，全球产出减少 1%。路透社报道称，中美贸易战间接影响深远，因为 2/3 的贸易商品与全球价值链相关联，全球贸易可能受到严重破坏。

英国主流大报《星期日电讯报》纸质版和网络版刊登了中国驻英国大使刘晓明题为《贸易战反映出中美"三观之争"》的署名文章，分析了中美两国在世界观、合作观、发展观上的差异，揭示出美国奉行单边主义、保护主义、"零和博弈"的陈旧思维。

美挑起贸易战引火烧身，美国本土怨声载道

在国际社会上，美国任性妄为遭到批评；在美国本土社会，特朗普挑起的贸易战也不得人心。

大豆市场，是中美经贸冲突的一个重要"战场"。今天，美国大豆等农产品正失去其往日优势。彭博社一篇报道称，由于关税问题，中国将取消或转售美国大豆订单。要知道，美国农业对出口贸易的依赖度很高，中国是美国大豆主要的出口国家。2017 年，美国大豆六成以上销往中国。中国对美国大豆出口的反制措施，在相当程度上使得美国大豆出口量价齐跌。

新增的高额关税让美国农民叫苦连天。伊利诺伊州的大豆农户布伦特·比布尔直言"这是直接的经济打击，是从我的口袋里抢钱"。艾奥瓦州农民联合会主席雷曼说："我们不认为现在特朗普政府所采取的政策会帮助任何人。所以，我们希望现行的策略能有所改变，政府能和我们的贸易伙伴建立良好的关系。"

"多条战线贸易战的恶果正在日复一日地累加并且显现出来，从中国取消美国大豆的订单，到（美国）对墨西哥的奶酪出口直线下降，再到（钢铝）农业设备价格飙升，经济损失的事件正在席卷全美农场。"7 月 6 日，美国农场主支持自由贸易组织执行总干事布莱恩·屈尔发布这样一份声明。

农业之外，在能源、制造业等诸多领域，美国挑起的贸易战也"砸到自己的脚"。

美国的哈雷－戴维森摩托车公司已宣布将部分摩托车生产转移至海

外，沃尔沃公司可能会取消原计划在南卡罗来纳州增加的 4000 个就业岗位，多晶硅制造商 REC Silicon 决定将裁员 100 人——它们的理由都是关税问题。随着越来越多的"美国制造"出走，美国社会就业、企业发展和经济增长将受到严重影响。

《今日美国报》网站刊文分析了贸易战的几个明显弊端。第一，日用品价格可能会上涨；第二，通胀可能导致进一步加息；第三，经济活力降低；第四，股市可能遭受打击；此外，对消费者或投资者不利。结论是，贸易战可能让生活变得更加昂贵，并让美国公民的投资赔钱。

值得注意的是，在美国公布的 340 亿美元征税产品清单中，有约 59% 的、金额为 200 多亿美元的产品是在华外资企业生产的产品，其中，美国企业占有相当比例。

美国知名智库"彼得森国际经济研究所"的一份报告显示，在美国征税的列表里，电脑和电子产品、交通运输设备、电子设备和应用等方面，非中国的跨国企业占比都超过一半。《华盛顿邮报》据此认为，特朗普政府对中国挑起贸易战，主要伤及的并不是中国自己的企业，而是美国及美国盟友们所独资持有的中国分公司。

美国全国广播公司刊文称贸易战恐将特朗普最大优势变为劣势。而美联社报道了美国田纳西州一位农场主 Jimmy Tosh，Tosh 一家三代都是共和党的拥护者，但今年秋天的中期选举他准备改投民主党，他对特朗普关税政策表示担忧。

贸易战对我影响可控，中国有信心打赢

与美国社会怨声、反对声、担忧声载道形成鲜明对比的是，中国国内对于此次美方挑起贸易战后中方的行为非常理解和支持，同时有信心、有底气中国能打赢这场贸易战。

以备受关注的大豆为例，2018年7月起中国将对原产于印度、孟加拉国、老挝、斯里兰卡和韩国的进口大豆关税税率从3%下调至零。在农业农村部与财政部联合发布的2018年财政重点强农惠农政策里，辽宁、吉林、黑龙江和内蒙古将实施玉米及大豆生产者补贴，大豆补贴标准高于玉米。中国已对贸易战可能带来的对美大豆进口减少作出准备。

专家认为，美国加征关税对我影响可控。中国人民银行货币政策委员会委员、清华大学金融与发展研究中心主任马骏牵头的研究团队用可计算一般均衡（CGE）模型对贸易战的各种影响进行了定量测算。结果显示，与基准情景（即没有贸易战情景）相比，500亿美元规模的贸易战会使中国的GDP增速放缓0.2个百分点，因此贸易战对中国经济影响有限。国务院发展研究中心产业经济研究部部长赵昌文也认为，本轮加征关税，无论是对经济增速还是对就业的影响，都在可控范围内。

中国国际贸易学会专家委员会副主任李永表示，中国对赢得这场贸易战有足够的能力和底气：一是国家经济稳定，市场足够大；二是工业门类齐全，能够为经济发展提供足够的动力；三是创新动力十足，GDP的2.1%用于研发，中国是世界第二大专利国；四是创业积极性非常高，新业态不断为中国经济增添优势；五是继续改革开放、扩大进口等，将为中国外部经济环境提供有利条件，也会使中国和其他贸易合作伙伴的关系不断改善。

网友评论普遍认为，一方面，中方有理有据，不惹事，但也不怕事。另一方面，发展是硬道理，关键还是要做好自己的事，相信中国可以化危机为转机，实现新的发展。

中国将以战略定力迎击美国挑战，正如商务部研究院区域经济研究中心主任张建平所说，中国跟美国打贸易战，既是维护中国的利益，也是维护中国贸易伙伴的利益，更是维护国际上支持多边贸易主义的国家的共同利益。

（摘编自《人民日报海外版》2018年7月11日，作者：叶子）

读懂国际社会的人心所向

2018 年 7 月 16 日这天，中国国家主席习近平见了三拨客人。一是欧洲理事会主席图斯克和欧盟委员会主席容克，二是联合国教科文组织总干事阿祖莱，三是世界银行行长金墉。他们头衔中的"欧洲""欧盟""联合国""世界"，代表着世界性影响力。他们分别来自政界、教科文界、经济界，身份不同，来华任务各异，但在与习近平主席的会见中，却都不约而同谈到一个共同话题：维护多边主义。

图斯克和容克代表欧洲和欧盟。他们表示，欧盟和中国都致力于多边主义，都主张维护以规则为基础的国际秩序，在相互尊重基础上处理国家间关系，通过多边协商完善多边贸易体系。阿祖莱代表联合国教科文组织。她说，当今世界，孤立主义、单边主义抬头。国际社会应开放包容，坚持多边主义、坚持对话交流，这也是全球治理的重要内容。金墉代表世界银行。他表示，在全球化时代，各国都不能闭关自守，都要遵守规则。世界银行赞赏中方支持多边主义和经济全球化，支持世界银行增资和股权改革。

他们的观点，不是因为到了中国才有。相比中国，他们所在的地区和组织，更早享受到多边主义、自由贸易、国际规则的好处，更渴望保护它们。国际要员中，持多边主义立场的，也远不止他们四人。翻阅世界媒体报道，就不难发现，一段时间以来，在个别国家出现内顾倾向、贸易保护主义抬头的形势之下，维护多边主义的正义之声如潮而来，这是国际社会的民意。

怎么看待和预判世界范围内的这场逆流与潮流之争？关键是看人心所向。习近平主席说，人心是最大的政治。这一重要观点，不止适用于中国，也适用于世界。

第一，要读懂世界的人心。反对单边主义、保护主义、贸易霸凌，维护多边主义、自由贸易、国际规则，这是世界的人心。大量国家和地区，如加拿大、日本、欧盟等，都对美国四处发起贸易摩擦不满。图斯克、容克刚在中国释放完欧中经贸合作暖意，后脚就去了日本，在东京签署日本与欧盟经济伙伴关系协定（EPA）。中国、日本和欧洲都承受着美国政府的贸易施压，抱团取暖、寻找"避风港"是必然选择。短期内，美国的贸易霸凌主义可能会让本国经济受益，中长期看，信用和人心的流失，将严重损害美国国家形象、政治威信和长远利益。

第二，要明白时代的潮流。什么是潮流？潮流就是，你不可能让海洋的水，退缩回江河湖泊。顺应世界多极化、经济全球化的时代潮流，加强战略沟通和协作，携手维护多边主义、基于规则的自由贸易体系，共同维护开放型世界经济，促进贸易和投资自由化便利化、完善全球治理、推进人类和平与发展事业，才是各经济体的理性选择。当今世界，和平合作的潮流、开放融通的潮流、变革创新的潮流滚滚向前。在这"滚滚向前"中，螳臂挡车者要么装完样子很快就跳开，要么将被碾压和冲垮。美国媒体彭博社日前刊文披露特朗普发起对华贸易战的"真实目的"——"可能只是其中期选举前的一场真人秀"，认为额外对 2000 亿美元中国商品征税更可能会导致特朗普自掘坟墓，因为此举意味着更长久的贸易战，这会对美国经济造成更大的损害。

第三，要看清问题的症结。认识到位才能行动有力。今天，我们生活在一个矛盾的世界，物质财富不断积累，恐怖主义、难民潮等全球性挑战也此起彼伏，世界面临的不确定性上升。世界到底怎么了？有人归咎于经济全球化，而这既不符合事实，也无助于问题解决。问题的症结实则是全球增长动能不足，全球经济治理滞后，全球发展失衡，当今世界经济增长、治理、发展模式存在必须解决的问题。解决问题的对策，应该是打造富有活力的增长模式、开放共赢的合作模式、公正合理的治理模式、平衡普惠的发展模式，而不应该是单边主义、保护主义、贸易霸凌。

金墉对习近平主席说，世界银行高度评价习近平主席去年在世界经济论坛年会上的重要讲话，"您提出要敢于到世界市场的汪洋大海中去游泳，我完全赞同并多次引用"。关于世界经济，习近平主席在那次年会上开出了"药方"。看到潮流的人，"完全赞同并多次引用"。而逆流者，不想迎风出海却只想吃鱼。时间终会证明，逆流只是一股细流，潮流才是大海汪洋。

（摘编自《人民日报海外版》2018 年 7 月 18 日，作者：正楷）

美"贸易恐怖主义"是在挑战全世界

特朗普政府无视世界贸易组织规则，四处点燃贸易战战火，对华更是挑起迄今为止世界经济史上最大规模的贸易战。特朗普宣称："贸易战很好，容易赢。"恐怕特朗普高估了自己，也高估了美国。

美国大搞"贸易恐怖主义"，丧失道义。恐怖主义的一般定义是，通过暴力、恐吓、胁迫等方式，针对一个国家、政府、政党、群体或国际组织，制造社会恐慌、恐惧等，以实现其政治、意识形态等目的。对比一下，特朗普政府在经贸问题上对华进行极限施压和讹诈，一再升级对华威胁，打着"美国优先"的旗号，胁迫中国放弃产业升级、发展图强的权利。这种贸易霸凌主义无异于在贸易领域搞"恐怖主义"。中国人经商，讲究"财自道生，利缘义取"的道理。以义取利，德兴财昌；舍义取利，利难长久。商人出身的特朗普理应懂得义利相兼的道理。

美国大搞"贸易恐怖主义"，贻害世界。任何单边行径都违反世贸组织规则，损害多边贸易体制，也给世界经济的复苏势头和发展前景带来阴影。特朗普政府发起贸易战，企图破坏中国在全球产业链、价值链中的重要地位，此举也势必伤及全球产业链上各方利益，包括美国有关企业和消费者利益。特朗普政府搞强买强卖，威逼讹诈，是对自由贸易的扭曲，对多边主义的挑战。

美国大搞"贸易恐怖主义"，难撼中国。特朗普政府对华挑起贸易战，企图以此为抓手，多方牵制、压制中国的发展。这一图谋不可能得逞。贸易战没有赢家，但此次贸易战中国必胜。对这一场贸易战，说"没有赢家"与说"中国必胜"并不矛盾。如果用具体的、短期的经贸利益和指标来衡量，贸易战对企业、消费者、产业链、价值链以及经济贸易增长会造成消极影响。但对中国来说，有中国共产党的坚强领导，有社会制度的优越性，有国家意志的高度统一，有全国人民的紧密团结和大力支持，有改革开放40年形成的坚实国力，有全面深化改革、继续扩大开放、与世界良性互动的坚定决心，中国一定能够变压力为动力，上下一心，共克时艰，打造出一个更高质量的经济、更加稳固的国度。从这个角度讲，这场贸易战，中国必胜。

美国大搞"贸易恐怖主义"，自我孤立。对于美国国内经济社会存在的各种问题以及美国面临的国际竞争，特朗普政府不是以"榜样"的力量感召世界，而是以邻为壑、欺行霸市。这种一意孤行、不讲诚信、动辄讹诈的做派，只能自毁声誉，失道寡助。美国的邻居、盟友或者特朗普政府眼中的"战略竞争者"没有谁甘愿屈从、附庸。各国会更加认识到多边体制是国际贸易的基石，警惕单边主义和贸易保护主义对世界经济产生的冲击和衰退性影响。

美国逆历史潮流，违世界大势，把自己放到了世界对立面。特朗普政府最终会发现，贸易战既不好，也不容易赢。美国同全世界作对，世界必胜。

（摘编自《人民日报海外版》2018 年 7 月 9 日，作者：华益文）

世界不能由着美国胡来

2018 年以来，最叫全世界烦心的事，就是美国单方面挑起的贸易摩擦了。进入 7 月，美国将摩擦升级为对华贸易战，如今更不断加码。

国际社会关心的是：美国出手够狠，中国是否扛得住这一记重拳？请大家放心，中国"不想打，但是不怕打"，已经做好充分准备来化解。许多国际经济界权威人士和主流媒体都清楚"对中国影响有限"，真正忧心忡忡的是"伤害世界经济"。

可是，手握大棒的美国政客并不关心什么中国经济、世界经济，满脑子里只有美国利益。为此，可以使尽手段、翻手为云覆手为雨乃至拳脚相加。这也难怪！作为超级大国和世界第一经济体，美国只相信拳头，历史上几次挥舞贸易大棒逼迫对方屈服的"辉煌"战绩，更激发了美国再次"动粗"的冲动。

不过，这次与以往不同，美国打在中国身上，疼在世界心上。

中国有句成语，叫做"城门失火，殃及池鱼"。意思是城门着火了，护城河里的鱼也跟着遭殃。美国对华开战，殃及的不仅是在华外资企业，还有许许多多同中国有贸易关系的国家，也包括美国。这是经济全球化时代的必然逻辑。中国政府的信息可以佐证这一点：美方公布的"340 亿美元"征税产品清单中，约 59% 是在华外资企业的产品，其中美国企业占有相当的比例。

正如中国官方警告的：美方的行为正在伤害中国，伤害全世界，也正在伤害其自身。

国际社会也深有同感。日本《每日新闻》的社论称，（美中）两国的经济规模占全球经济的近四成，（美国向中国发动贸易战）将会直接打击世界经济。特朗普总统的美国同胞、因对自由贸易与全球化研究贡献突出而获得诺贝尔奖的著名经济学家克鲁格曼，更是直指美国的所作所为"正在摧毁整个世界"。

这是理性的声音。美国不是听不见，而是听不进。中国作为经济全球化和全球产业链的重要支持者和参与者，是全球产业链至关重要的一环。多年来，中国对美出口产品的一半，都是在华外资企业生产的。这些外资企业分属众多国家，包括所有西方发达国家、美国的传统盟友，他们从中国获取了丰厚利润，为自己国家的发展繁荣源源不断地输血。因此只能说，美国就是要用别人的痛苦换取自己的欢笑，通过打击全球产业链和价值链，为"重振美国"创造机会。

对中国下手狠，倒也可以"理解"——美国的战略意图，就是要打断中国崛起的进程，绝不能让中国与自己平起平坐。可是，身为带头大哥，总得讲点哥们义气吧？对不起，特朗普政府的字典里没"义气"这词儿。这不，在挑起对华贸易战之前，美国已经对遍布五大洲的一众盟友——谁让你们都揩大哥的油呢——加征钢铝产品关税。呵呵，既然大哥不仗义，就别怪小弟冒犯了，于是上演了一出盟友"群殴"盟主的好戏。

特朗普政府胆子真够肥的。不过，这么做绝不是一时头脑发热，而是精心谋划、周密准备了很久，棋走险招，险中求胜。其目的很明确，就是要通过一场针对全世界的贸易战争，迫使各国都按美国的规则和意愿行事，从而最大化美国的利益。

如果美国如愿以偿，世界将从此不得安宁：一来出口陷入停滞，经济全球化带来的国际分工被切断，各国或将深陷新一轮的经济危机；二来多边贸易体系被摧毁，国际贸易规则只能由美国一家说了算。

可是特朗普政府千算万算，就是没算到，经济全球化时代，世界因自由贸易而繁荣而发展而多姿多彩。为了它，中国可以向美国亮剑，世界可以对美国出拳。

一场单边主义与多边主义，保护主义与自由贸易，强权与规则之战——中国外交部发言人一句话说透了这场贸易战的本质。

面对这场没有硝烟的战争，侠肝义胆的中国，为自己，为大家，已经勇敢地站出来接招。这是一个负责任大国的历史担当。经济高度融合、你中有我我中有你的当下，自由贸易于世界经济而言，就是空气和水，怎能任由美国瞎折腾？！唯有携手同心，守护好自由贸易这面国际贸易的大旗，大家才有好日子过。

这个道理，应该不用多说了吧。

（摘编自《人民日报海外版》2018 年 7 月 14 日，作者：胡继鸿）

世贸规则面前，美国没有"例外"

2018 年 7 月 16 日，美国贸易代表办公室宣布，针对中国、欧盟、加拿大、墨西哥与土耳其等国对美国征收钢铝关税采取报复性关税措施，已向 WTO 提出申诉。这是美国上演的破坏、滥用世贸组织规则、实施贸易霸凌的又一出闹剧。

美国"例外"激起反弹

"公然恶意破坏 WTO 规则，又去 WTO 告状，美国的混乱逻辑令人费解。"对外经济贸易大学中国世贸组织研究院院长屠新泉表示，美国向WTO 状告贸易伙伴的做法很霸道，也很滑稽，是一种恼羞成怒的表现。

屠新泉认为，作为 WTO 成员，美国有权利质疑其他成员对美国采取的贸易限制措施，并按照 WTO 争端解决程序提出磋商请求，但毫无疑问，美国首先是一个被告。截至目前，已有 8 个世贸组织成员针对美国的"232措施"提起诉讼，按照对现有规则的通常解释，美国几乎没有胜诉的可能。这也意味着，即使美国提起反诉，WTO 也会首先对美国的措施是否违法给出裁定，并要求美国撤销"232 措施"，然后才能讨论其他成员的反制措施是否合法。

美国贸易代表莱特希泽早前发表声明，指责反制美国的 WTO 成员违反相关规则，其依据是所谓"WTO 的国家安全例外条款"。屠新泉认为，但只要有一点 WTO 法律常识的人都知道，"WTO 的国家安全例外条款"是指与战争、武器直接相关的事务或国家面临紧急状况时才能使用的，而美国的钢铝贸易跟这些条件毫无关系。在世贸规则面前，美国没有"例外"。

据法国《十字架报》报道，美国向世贸组织提出申诉后，多国迅速对美国的所谓"理由"进行了反驳。墨西哥经济部称："墨对美出口钢铝不会对美国家安全构成任何威胁，我们采取回应措施是鉴于美方以荒谬理由不公平加征关税。"欧盟委员会发言人则表示，欧盟对美报复措施符合 WTO 规定。加拿大政府认为，加对美针锋相对的关税报复措施符合 WTO 和北美自贸协定的双重规定。

就连美国的很多舆论都认为，美国的理由"漏洞百出，逻辑有误"。在美国国际贸易报道记者艾利克斯·劳森看来，美国正在散布一种"神圣的烟雾"，这样的表态荒谬至极。美国"市场"网站的网民留言也是一片嘲讽："真是滑稽！戳全世界的眼睛并遭到全世界的反击，现在又跑到 WTO 去哭诉！"

特朗普曾公开表示，WTO 规则导致"美国在 WTO 输掉了所有的案子"。但根据美国 Cato 研究所的研究，自 1995 年 3 月到 2017 年，美国将贸易伙伴上诉至 WTO 的案件有 114 起，获胜案件占 91%。

中国履诺　世界肯定

"无法想象，如果没有中国的积极参与，当今世界的多边合作会是怎样，对于世贸组织来说尤其如此，中国履行对世贸组织的承诺赢得高度赞赏。"2018 年 7 月 13 日，WTO 对中国第七次贸易政策审议在日内瓦结束，瑞士常驻世贸组织代表团大使狄迪尔·查博维如是说。

此次审议期间，世贸组织成员所提出的问题和发言的数量再创历史新纪录，70 个成员发言，42 个成员提出 1963 个书面问题。中国一一作答，表现堪称完美，展现了一个大国应有的担当和笃定。而美国提出的"重新审查中国 WTO 组织成员国身份"的提案，被 70 个成员一致否决。

一段时间以来，美国频频指责中国不遵守世贸组织规则，并将此作为对中国实施单边贸易措施的重要理由。

此次审议结果显而易见的意义是：美国的无端指责被驳回，中国再次赢得世界尊重。

"此次贸易政策审议是一个表达中国主张的绝佳平台，澄清了很多国际国内对中国履行 WTO 承诺的一些错误或者是模糊的认识。"屠新泉表示，连同 2018 年 6 月公布的《中国与世界贸易组织》白皮书，中国再一次向世界表明态度，将坚定地捍卫多边贸易体制的基本原则和核心价值，并且通过自身的发展不断发挥负责任大国的作用。

关于美国挑起对华贸易战，国际贸易专家普遍认为，美国实施"301"歧视性关税，是 WTO 成立以来对 WTO 基本原则前所未有的挑战，根本违反多边贸易体制最重要的最惠国待遇原则。而中国在 WTO 框架下坚决反制美国挑起的贸易战，合理合法。

世贸原则 不可动摇

"WTO 已处于超载运行状态，美国挑起'起诉潮'只能加重 WTO 的负担。"德国新闻电视台近日评论称，WTO 正处于成立以来最困难的时期：一方面是组织结构过于"老化"，需要改革；另一方面，就是美国的干扰。

美联社报道称，美国的做法险恶且自相矛盾，一方面认为该机构调解贸易争执时总是"拖拖拉拉"，一方面又停止向 WTO 受理上诉的机构指派人选，导致 WTO 争端解决机制上诉机制已濒临瘫痪。因此，对美国的上诉，WTO 很难达成最终决议。

对此，中国常驻世界贸易组织代表张向晨表示，世贸组织能否走出困境，取决于两个条件：一是世贸组织的成员能不能联手抵制保护主义和单边主义；二是世贸组织能否根据全球化的变化与时俱进，调整自己的规则。很多世贸组织成员期望中国在当前的世贸组织危机当中发挥积极作用。

"WTO 作为一个国际组织，并不是一个超国家的政府，它的争端解决机制不具有强制执行力，但它的威信来自于它的公正性。因为它遵循的是所有 WTO 成员共同接受的一套规则。"屠新泉说。

对于单边主义和贸易保护主义给世贸组织带来的冲击，世界各国纷纷表示担忧，也提出改革世贸组织的呼吁。

"提高效率、保持公正性、推动贸易自由化便利化、坚决反对单边主义、遏制贸易保护主义是未来 WTO 改革的方向。"屠新泉指出。中国支持完善与发展 WTO，但是不能推倒另起炉灶。改革 WTO 的重要前提就是要遵守现有规则。

同时，屠新泉指出，就当前全球环境来看，WTO 的贸易争端解决机制，对解决国与国政府间贸易冲突的作用是无法替代的。

（摘编自《人民日报海外版》2018 年 7 月 21 日，作者：贾平凡）

国际舆论怒了　反制措施来了

2018 年 8 月 8 日，据美国有线电视新闻网网站报道，美国于当地时间 8 月 7 日公布了对 160 亿美元中国进口商品征收 25% 关税的清单。这标志着世界上最大的两个经济体之间贸易战的最新升级。此次清单中的 279 种商品包括摩托车、里程计和天线等，加征关税生效日期为 8 月 23 日。

轻启战端　后果难料

欧盟贸易专员马姆斯特罗姆在英国《金融时报》网站撰文称，全球贸易战的威胁扑面而来。

世界经济正遭遇严峻挑战。作为全球唯一超级大国、世界第一大经济体，美国对世界经济的影响举足轻重。

国际组织对于美国的举动深表担忧。国际货币基金组织警告，美国与世界其他国家的贸易战，到 2020 年可能会令全球经济增速降低 0.5%，全球 GDP 将因此损失约 4300 亿美元。经济合作与发展组织也发出警告称，如果中美欧的关税成本提高 10%，将拉低全球 GDP 的 1.4%。

国际知名专业机构与经贸专家对世界经济的走势持悲观态度。惠誉国际信用评级有限公司估计，一场涉及价值两万亿美元商品关税的贸易战，可能使全球经济增速在 2019 年从 3.2% 降至 2.8%。牛津经济咨询社经济学家格雷格·达科估计，如果美国对来自中国的另外 4000 亿美元进口商品征收 10% 的关税、而中国对所有美国进口商品征收 25% 的关税，全球经济增速将降低 0.5 个百分点。

国际媒体普遍担心贸易战的可怕后果。俄罗斯卫星网发表评论员文章，严厉谴责美国的单边保护主义，警告美中贸易冲突可能会引发全球经济低迷。英国《卫报》强调，美国政府挑起的贸易战会引发恶果，殃及其他国家。美国哥伦比亚广播公司网站认为，贸易战一旦恶化，局势将难以收拾。英国《独立报》网站文章称，特朗普就任美国总统后宣布，保护主义将带来伟大的繁荣，令经济学家再次陷入恐慌，20 世纪 30 年代的报复、经济痛苦、公愤和失信的循环似乎又从黑暗中浮现，像昔日贸易战幽灵一样。

最糟糕的是，比黄金还金贵的全球市场信心遭遇严重打击。不久前，在葡萄牙辛特拉举行的欧洲央行会议上，全球最权威的决策人士认为，在全球最大的几个经济体之间酝酿的贸易战，正在打压企业信心，并可能迫使各国央行调降对前景的展望。英国《卫报》援引牛津经济研究院的研究结果说，美国加征关税带来的不确定性和风险的增加，将影响商业信心和投资，特别是跨境投资。美方的做法将使中美两国和其他地区的经济增长受到影响。

路透社最新进行的一次调查中，150 位分析师中近 3/4 认为，贸易保护主义将在明年对全球经济增长产生严重的负面影响。他们得出这一结论的依据是，贸易壁垒已被提高，令信心恶化。

破坏规则　搅乱世界

诺贝尔经济学奖得主保罗·克鲁格曼在美国《纽约时报》上发表的文章说得非常直白：特朗普政府加征关税背后的规模和动机——明显具有欺

骗性的国家安全理由——是最新花招。这一招相当于否决了我们创建的游戏规则。

欧盟更是直截了当地批评美国的行为是"对国际法的无视"。

美国斯坦福大学政治学家弗朗西斯·福山最近在日本《每日新闻》刊发文章《动摇的战后国际秩序》。文章称，美国特朗普政府的保护主义关税政策呈现出与主要国家开打贸易战的态势。基于法治、自由贸易、民主等规则，在第二次世界大战后建立起来的"自由主义国际秩序"正在动摇。文章称，过去50年，美国基于自由主义原则制定并支撑着国际秩序。如今，这种秩序面临的最大威胁就是特朗普总统。特朗普正在挥舞保护主义大棒，破坏国际秩序。

世贸组织前总干事拉米在接受日本《每日新闻》专访时指出："美国的贸易战是时代错误。"拉米称，十几年前他担任欧盟委员会负责贸易事务委员时，也存在贸易摩擦。但是特朗普政府挑起的这场"贸易战争"没有先例可循。以国家安全面临威胁为由限制进口是违反世贸组织规则的。

澳大利亚东亚论坛网站近日刊发西澳大利亚大学商学院院长兼经济学教授彼得·罗伯逊的文章《改写规则可能会使世界贸易分崩离析》。文章称，世贸组织的目的是为企业生存发展提供稳定的外部环境，缓解敌对游说集团和政治民粹主义的冲击，同时限制各国把贸易政策作为外交武器的做法。然而，随着政治情绪转向民族主义，世贸组织和自由主义经济秩序受到越来越大的挑战。现在，特朗普政府正在以与世贸组织背道而驰的方式，把经济政策作为处理国际关系的手段。

孟加拉国前驻华大使、孟加拉国国际战略研究院主席法伊兹表示，美国如今已成为全球自由贸易、公平贸易的破坏者，美国采取的贸易保护主义政策是对全球贸易秩序的破坏。

国际媒体上弥漫着对美国的不满情绪。

日本《产经新闻》指出，美国政府的一系列贸易保护措施遭到盟友强烈反对。美国强硬的保护主义贸易政策，是搅乱世界贸易秩序的重要原因。

俄罗斯《生意人报》发表评论说，特朗普政府宣布将对中国商品征收额外关税，是出尔反尔、不负责任的表现。美国的举动开启了贸易保护主义的阀门，不利于全球贸易自由化的发展。

古巴辩论网站报道称，美国抛出对中国商品加征关税清单，是新的威胁全球贸易的单方面行动。

一意孤行　打错算盘

彼得·罗伯逊刊发文章称，特朗普政府"改写规则的做法"，公开为民族主义和保护主义敞开大门，并认为这是处理国际关系的可接受方式，这损害了美国的信誉。

美国著名时事评论员罗伯特·卡根不久前言辞犀利地称美国是"超级流氓大国"，借自己的力量，肆意妄为，试图让全世界屈服于自己的意愿。

在刚刚结束的二十国集团会议上，法国财长布鲁诺·勒梅尔针对美欧贸易冲突强硬批评说，特朗普政府的单边主义关税政策是基于"丛林法则"。

正如法国《回声报》网站文章所说，美国总统特朗普在国际舞台上讨价还价。以前，他是在增加自己的金融财富；如今，他是在巩固自己的政治资本。方法是逼迫别国做出让步。

拉米持相同观点。他指出，特朗普认为动摇整个体系就能改变现状，"要想获得满意的结果，必须是两个人（两个国家）坐上谈判桌"。他的盘算是，以保护主义威胁对方，而那些跑来华盛顿要求美国收回成命的人势必要出点儿血。

拉米说，这是中世纪才能见到的残酷的政治手段，不容易成功。人在被用枪指着脑袋的情况下没办法谈判。

彼得·罗伯逊称，在特朗普所谓的恢复美国经济和美国全球领导地位的计划中，他的霸道做法是打错了算盘。

美国著名政客约翰·麦凯恩对特朗普治下的美国前途更加悲观。美国《星条旗报》网站不久前刊载的题为《约翰·麦凯恩在新书中就"美国主导世界秩序"时代的终结发出警告》的文章称，麦凯恩担心在特朗普任总统期间，美国在错误的道路上越走越远，这意味着，美国在世界舞台上的领导地位有可能终结。

招来众怒　群起反制

关于美国强势推行保护主义政策将对其他国家产生的危害，印度理工学院经济学教授乌帕特亚伊指出，受影响的国家不应坐视不管，而应该立场坚定地面对并采取相应措施。

2018年7月31日，来自欧盟、加拿大、西班牙、韩国和日本的汽车出口国代表在日内瓦召开会议。多位与会者表示，他们正在考虑一系列措施反制美国，包括呼吁世界贸易组织的争端解决机制以及对美国商品征收报复性关税等选择。这说明了，为了以防万一，这些汽车制造国形成的"抗美联盟"将继续为美国可能挑起的贸易摩擦而战。

法国总统马克龙警告，"经济民族主义"将惩罚包括美国在内的所有人。"这是用最错误的方式——通过破坏和经济民族主义回应现有的国际贸易不平衡的问题。经济民族主义意味着战争，这是那些人在20世纪30年代（1929—1933年经济大萧条时期）做过的。"他说。

各国已经开始采取行动。

由于美国加征钢铝关税的行为违反了世贸组织规则，包括俄罗斯、欧盟、印度、加拿大、墨西哥和挪威在内的世贸组织成员方，目前均已据此诉诸世贸组织。按照世贸组织争端解决机制规则，下一步争议双方将进行磋商，如果磋商没有成果，则可提请世贸组织成立专家组对案件展开审理。然而，不足之处是耗时较长，通常在两年左右。

各国的反制措施也相继出炉。

据俄新社 2018 年 8 月 5 日报道，俄罗斯宣布：对几种产自美国的货运交通工具、道路建设装备、石油天然气设备、光缆线以及金属加工和岩石钻探工具，进口税率将提高到 25% 至 40%。这是回应美国此前加征的钢铝关税。

据《印度快报》网站 2018 年 8 月 4 日报道，此前被推迟的印度针对一些美国进口商品征收更高关税的措施，将于 2018 年 9 月 18 日生效。对华盛顿拒绝给予印度新关税豁免而感到愤怒的新德里，6 月份曾决定从 8 月 4 日起提高对杏仁、核桃、苹果等一些美国产品的进口税，但后来推迟了这项举措。报道称，作为全世界进口美国杏仁最多的国家，印度 6 月份决定将该商品的进口税提高 20%，与欧盟和中国一同对美国提高钢铝关税的举动展开报复。印度还计划对进口美国核桃征收 120% 的关税，这是迄今为止针对美国采取的最严厉行动。

据路透社报道，加拿大政府公布的清单列出了超过 250 种商品，于 7 月 1 日开始征税，总额 166 亿加元（约合 126 亿美元）。加拿大外交部长克里斯蒂娅·弗里兰强调，这是加拿大"自第二次世界大战以来采取的最猛烈贸易行动"，"我们不会升级（贸易战），但是也不会退缩"。

美国人也坐不住了。近日，美国洛杉矶市市长埃里克·加塞蒂就紧急带团到访亚洲。埃里克·加塞蒂郑重声明，洛杉矶将对中国继续敞开生意大门。他更是直接呼吁美国各地领导人采取措施，强力推动对外合作。"做生意一般按照 10 年的长短来规划，可是华盛顿似乎只规划 10 个小时甚至10 分钟内的事情。在特朗普政府'严重'损害美国名望的情况下，美国各地领导人更要加强与投资伙伴展开合作。我们希望看到前面是一片蓝海，我们的船也造得比以往更结实，尽管浪也更大了一些。相信我们可以和合作伙伴们协力穿过这些海浪，即使会有些晕船。"

（摘编自《人民日报海外版》2018 年 8 月 9 日，作者：张红）

美国挑起贸易战的要害是破坏规则

如今，"美国优先"正在成为超越一切国际规则的"美国特权"。随着对华贸易战不断升级，白宫一手撕碎了美国的自由贸易卫道士形象，蛮横无理，言而无信，出尔反尔，将自己主导缔造的国际经贸体制踩在脚下，动摇了世界各国几十年苦心建立的国际经贸秩序，似乎只有这样，才能让美国"再次伟大"。

一边挥舞关税大棒，搞极限施压贸易讹诈；一边到处扬言"退群"，想威逼利诱巧取豪夺。现在的美国，活像一头闯入瓷器店的公牛，蛮横踩踏国际经贸规则，不惜破坏现有世界贸易体系和经济全球化进程。在近几个月的中美经贸摩擦中，美方不顾中国经常项目顺差占 GDP 比例已大幅下降的事实，不顾中国近年来主动扩大开放、不断降低关税的作为，不顾中国已是市场经济国家的现实，强制性提出让中国政府削减数千亿美元贸易逆差的无理要求，甚至放言"只准美国加税，不准中国反制"。在世贸组织，美国更是多次无端发难，宣称自己在贸易等方面受到不公平对待、吃了大亏，动辄威胁要退出，让全球贸易阴霾密布。凡此种种，都是对国际规则"合则用、不合则弃"的肆意妄为。

把国际规则当作自家的工具，想用就用，想换就换，美国对待国际规则的这种态度已经成了一种习惯。近年来，美国更是通过不断调整、升级国际贸易和投资规则，维护其核心竞争力，在知识产权、投资者—国家争端解决机制、服务贸易等方面抬高门槛，为自己"量体裁衣"，制定更符合其利益的国际经贸新规则，延续其"先发优势"，确保全球经济治理体系始终朝着有利于美国的方向演进。相比之下，发展中国家处于特定发展阶段的需求并未得到足够重视，利益无法得到充分保障，当中国等发展中国家不断深化国内改革以接纳和适应国际规则时，美国已从多边贸易体制中受益了几十年，并始终占有全球经济的控制权和话语权。

如果说这些好处和优势，是美国在现有国际经贸秩序下通过多双边谈判获取的，那么"美国优先"则是直接与国际经贸规则背道而驰了。有识之士清醒地认识到，所谓"美国优先"，实际上就是赤裸裸的利己主义，是仗着自身实力地位，以单边挑战多边、以强权挑战规则的霸凌主义。从提出"美国优先"的那一刻起，就注定了美国不会再遵守国际规则。说到底，"美国优先"意味着通行规则的退后、让位，意味着美国可以把国内法凌驾于国际规则之上，意味着美国可以用单边主义行动取代国际争端解决机制。

这在经贸领域尤为明显。美国政府通过退出《跨太平洋伙伴关系协定》、重谈《北美自贸协定》，以及发起201、232、301调查，强迫其他贸易伙伴为美国"再次伟大"做贡献。这种看似确保美国利益最大化的政策理念，最终只会削弱美国在国际社会的领导力和影响力，解决不了美国自身面临的问题，也会把全球经济拖入泥淖。正如美国国际贸易问题专家斯蒂夫·苏拉诺维奇所言："如果其他国家因此不再与美国合作，国际制度将有可能崩溃，共同利益会逐渐消失，'美国优先'将变成'所有人最后'。"

在"美国优先"驱动下，曾经的国际贸易规则发起者、设计者、倡导者，成为地地道道的破坏者、反对者、颠覆者，这样的变脸表面看是任性，骨子里就是霸权主义。据不完全统计，一年多来，美国政府对数十个国家的94项"不公平交易"进行调查，同比激增81%。世贸组织争端裁决的研究报告显示，美国是迄今为止最大"不守规矩者"，世贸组织2/3的违规都由美国引起。不仅如此，美国甚至阻挠世贸组织上诉机构新成员任命，导致争端解决机制无法正常运转，多边贸易体制岌岌可危。

一个无视规则或者没有规则的世界会是什么样子？正如十字路口不能缺了红绿灯，体育比赛不能缺了裁判员一样，国际经贸规则对于商业运转和全球贸易，犹如空气和阳光，须臾不可少。美国主导创建的国际经贸体系尽管不完美，但毕竟为国际经贸活动提供了一套各国认同和遵循的规则，这套规则运行几十年来，成为国际贸易不可缺少的基石，绝不能被随意丢弃，更容不得另起炉灶、推倒重来。完善的国际经贸体系，需要强化规则意识，以公平为导向、以共赢为目标，通过贸易伙伴之间的平等协商加以推动。美国有诉求也好，有怨气也罢，都可以在现行国际规则框架内、在谈判桌前协商解决。动不动就不顾规则，不讲道理，擅自采取加征关税的单边主义措施，势必给全球贸易秩序带来冲击，把国际经贸规则拆散了架。更何况，白宫反复强调的所谓"贸易公平"，并非基于国际贸易规则的公平竞争，而是基于"美国优先"的利益取舍，完全踢开了事事讲规则的多边贸易体制精神，这会毁掉国际社会共同维护的基本经贸规范，哪有什么公道正义可言？

市场经济是规则经济，美国可以由着性子胡搅蛮缠，世界经济、全球贸易却由不得、经不起这般折腾。世界银行在 2018 年 6 月发布的最新一期《全球经济展望》报告中，预测 2018 年全球经济增长为 3.1%，而美国的做法无疑在给这一复苏势头蒙上阴影。经合组织的分析认为，如果加征关税导致中美欧贸易成本上升 10%，全球 GDP 将被拉低 1.4%。美国为了一己之私，挖国际经贸规则的墙脚，薅全球贸易的"羊毛"，侵蚀的是经济全球化发展之基，切断的是世界经济稳定增长之源。

抛弃现行自由贸易原则和多边贸易体制，自顾自地玩单边主义，搅乱全球经贸秩序，其危害究竟有多大？或许历史早就给出了答案——

2018 年 7 月 6 日，就在美国对 340 亿美元中国产品加征 25% 关税的当天，《华盛顿邮报》发文称："这一天或许会成为经济史上一个臭名昭著的日子，就像胡佛总统 1930 年签署《斯姆特 – 霍利关税法》一样。"这个在美国"青史留名"的法案，违背自由贸易原则，大幅提升进口商品关税，引发各国自保跟进，接连出台高关税壁垒和更严的进口限制、结算协定、货币管制等保护主义措施。该法案被经济学家普遍认为是使美国深陷大萧条并给全世界带来大灾难的原因之一，国际贸易因此遭受重创，从 1929 年的686 亿美元降至 1933 年的 242 亿美元，世界工业生产降幅达 30%。

时隔近九十年，美方挑起的这场对华贸易战，莫非能侥幸逃脱历史发展和经济运行的客观规律，不产生灾难性后果？恐怕很难。世贸组织总干事阿泽维多表示，若关税回到关贸总协定和世贸组织之前的水平，全球经济将立即收缩 2.5%，全球贸易量削减 60% 以上，影响超过 2008 年国际金融危机。华盛顿智库布鲁金斯学会的研究显示，如果全球爆发小型贸易战，即关税增加 10%，大多数经济体的 GDP 将减少 1% 至 4.5%，其中美国 GDP将损失 1.3%；而如果全球爆发严重贸易战，即关税增加 40%，世界经济将重现 20 世纪 30 年代的大萧条。

2018 年 5 月初，包括诺贝尔经济学奖得主、前美国总统经济顾问在内的 1100 多位经济学家联名致信美国总统特朗普和美国国会，警告美国政府不要采取加征关税的保护主义政策，避免重蹈 20 世纪 30 年代的覆辙。这封由美国全国纳税人联合会公布的联名信称，1930 年，1028 位经济学家曾写信敦促美国国会拒绝保护主义的《斯姆特 – 霍利关税法》，但当时国会并未采纳这些建议，致使美国为此付出惨痛代价。虽然 1930 年以来世界经济环境发生了很大变化，但当时信中阐释的基本经济学原理依然适用，今天，美国人又面临一系列保护主义新措施，"我们深信提高保护性关税是错误的！"

利莫大于治，害莫大于乱。历史地看，经济全球化是社会生产力发展的客观要求和科技创新的必然结果，为世界经济增长提供了强劲动力，促进了商品和资本流动、技术和文明进步。各国经济已不同程度融入全球产业链、价值链，彼此依存、兴衰相伴。现有多边国际经贸规则是开展国际贸易的基础性保障，遵守规则，必将做大全球财富增长的蛋糕，而破坏规则，就会贻害全球繁荣发展的环境。美国一错再错的单边主义行径，是对全球产业链和价值链的最大威胁，正遭到越来越多国家的抵制和唾弃。没有规则这块基石，不仅无法实现所谓的"美国优先"，还可能让各国退回到自我封闭的落后状态，葬送来之不易的经济全球化发展成果。

"大道之行，天下为公。"从推动构建新型国际关系到打造人类命运共同体，从积极推进经济全球化到建设"一带一路"，中国所做的一切努力，既是在为中国人民谋幸福，为中华民族谋复兴，也是在为世界谋大同，彰显的是中国作为国际体系建设者、全球发展贡献者、国际秩序维护者的责任担当。美国挑起这场贸易战的要害在于破坏规则，中国坚决顶住压力，坚定反对贸易霸凌主义，坚持为维护多边贸易体制和规则而战，为维护全球经济发展环境而战，为维护全人类的共同利益而战，就是要还国际经贸秩序一个公道正义、一片清朗天空。困难再大、挑衅再多，中国都将与国际社会一道，合力驱散笼罩国际经贸体系的乌云，让规则的阳光照亮世界繁荣发展的美好未来。

（摘编自《人民日报海外版》2018 年 8 月 11 日，作者：吴秋余）

CHINA-US
TRADE FRICTION

第四编

中国的严正立场和
鲜明态度

"我们坚决反对贸易战，贸易战不会有赢家。""我们不愿打""不怕打""必要时不得不打""中方决不打第一枪"……面对美国的贸易霸凌和步步紧逼，中国政府表达严正立场和鲜明态度，并采取一系列反制措施。

　　面对危机，我们除了直面美国的贸易摩擦之外，还要"每临大事有静气"，要通盘考虑，沉着应对。这是一场无法避免的战争，它不以我方意志为转移。这也是一堂生动、实在的全民教育课。它教育我们认清美国贸易霸凌的本质，认清这个残酷的国际竞争环境，认清当下中国的真实处境和未来中国的发展之路，认清我们在关键领域将怎么改革，认清我们将如何建立培育人才的机制和环境……

贸易战开战前夕，中国官方密集表态

2018年7月6日，美国政府将实施对华340亿美元商品的征税，其中200多亿、占比约59%是在华外资企业的产品。在贸易战打响前夕，美方威胁称，如果中美两国不能很快达成贸易协议，就要对中方全部5000亿美元输美产品加征关税。为此，商务部、外交部等部委接连表态，中国银行保险监督管理委员会主席郭树清接受采访，《人民日报》也推出评论员文章。

商务部：美方贸易霸凌主义逆时代潮流

商务部新闻发言人高峰：

我们注意到，美方近日再次威胁，要对中方全部5000亿美元输美产品征税。不仅如此，美国对其他国家和地区的贸易伙伴也发出了类似的威胁。这种举着关税大棒四处要挟的贸易霸凌主义，是逆时代潮流的。

中国将与世界各国一道，坚决反对落后、过时、低效的保护主义、单边主义的倒行逆施，致力维护稳定和可预期的全球经贸环境。

美方挑起了这场贸易战，我们不愿打，但为了维护国家和人民利益，必要时不得不打。中方决不打第一枪，但如果美方实施征税措施，中方将

121

被迫进行反制。

我们呼吁各国共同采取行动，坚决反对贸易保护主义和单边主义，维护世界人民的共同利益。

高峰介绍，中国作为经济全球化和全球产业链的重要支持者和参与者，很多出口产品都是在华外资企业所生产。据分析，美方公布的340亿征税产品清单中，有200多亿，占比约59%是在华外资企业的产品，其中，美国企业占有相当比例。

可以看出，如果美方启动征税，实际是对中国和各国企业，包括美资企业的征税，美方措施本质上打击的是全球产业链和价值链。简单来说，美国是在向全世界开火，也是在向自己开火。

此外，有媒体报道，在华美资企业可能会因中美贸易战而受到中方制裁，对此，高峰表示，所有在华企业的合法权益都将得到中国政府的保护。

外交部：没有人希望打贸易战

外交部发言人陆慷：

不光是中国，包括美国国内的消费者、美国的业界，包括世界上所有其他经济体、全世界各国人民，没有人希望打贸易战。

贸易战打起来对任何国家都是不利的，损害的只能是各国的产业界，损害的是各国消费者的利益，所以我们当然不希望贸易战能打起来。

但是，如果任何国家正当的利益受到了片面的伤害，当然任何国家都有权利坚定地捍卫自己的利益，这是毋庸置疑的。

在被问及中方是否就此问题同美方沟通时，陆慷表示，美方对中方的立场非常清楚。

郭树清：美挑起贸易战终难持续

郭树清在接受《金融时报》采访时说——

美国挑起的贸易战最终难以持续。我们坚决反对贸易战，贸易战不会有赢家。

过去40年快速发展的全球化，导致国际产业形态发生根本改变，世界经济前所未有地融为一体。美国在货物贸易中存在较大逆差，成因有多个方面，但丝毫不意味着美国因此而吃亏。恰恰相反，美国贸易逆差的形成和持续，是其经济科技创新能力、高端服务业竞争能力以及在国际货币金融中特殊地位的反映。

正因为如此，美国才能长期享用来自世界各地多种多样物美价廉的商品，以及源源不断的低成本资金，中国在这两个方面转移的价值量都占极大比重。如果说现行国际经济秩序不合理，那么处于不利地位的也绝不是美国。

由于新兴市场经济体能够高效率低成本生产海量产品，过去20多年里，美国、欧洲不再受通胀折磨，而且能够较快地从严重的金融危机中复苏。

也是由于这个原因，发达国家跨国公司利润不断翻番。它们在中国有庞大的商业存在，销售额数以万亿美元计。在中国进出口总额中，外商投资企业占比接近一半，在对美出口中已超过一半。

打击中国的贸易和投资，很大程度上是打击多国企业，包括众多美国企业。挑起贸易战既是对目标国家的发难，更是对自身经济的损害。这场贸易战最终难以进行下去。

《人民日报》："美国贸易吃亏论"当休矣

近日，美国政府多次对世界贸易组织表示不满，威胁要"退群"，宣称美国在贸易等方面受到不公平待遇，美国吃亏了。值得注意的是，这种所谓"美国贸易吃亏论"，正在成为美方无端发动贸易战的由头。

一个当今世界综合实力最强的发达国家，竟堂而皇之大讲自己在国际贸易中受到欺负、吃了大亏，这实在是令世人大跌眼镜的咄咄怪事。

吃不吃亏，要看规则谁制定。

众所周知，美国主导创立了第二次世界大战后国际经济、贸易、金融体制，并在此后几十年牢牢掌控国际经贸规则的创设权和修订权。从关贸总协定到世贸组织成立，从布雷顿森林体系到国际货币体系的变革，美国始终是国际经贸规则的缔造者、全球经济秩序的主导者，占据引领地位。一位"裁判员"会制定一套"让自己吃亏"的比赛规则，不管是谁，说破了天恐怕也难以让人信服。

在通过制定规则维护自身优势方面，美国可是一刻没闲着。近年来，美国通过频繁调整、升级国际贸易和投资规则，维护核心竞争力，为自身"量体裁衣"，制定更符合美国利益的国际经贸新规则，延续其"先发优势"，确保全球经济治理体系始终朝着有利于美国的方向演进。

吃不吃亏，要看获利有多少。

规则制定者往往是最大受益者，对此感受有多深，美国自己心知肚明。美国成为第二次世界大战后全球综合实力最强的国家并非偶然，其在主导国际经贸规则构建过程中，恣意享受着经济全球化带来的制度福利，通过在全球配置资源，不断提升、巩固其经济霸主地位，进而成为多边经贸体制和经济全球化的最大赢家。

在经贸领域，美国是主要贸易强国，去年货物贸易额 3.89 万亿美元，服务贸易额 1.31 万亿美元，分别居全球第二和第一位；在金融领域，美元占全球外汇储备的 62%，其特殊地位使得美国能够通过发行美元，向全世界收取"铸币税"，获得巨大经济利益；在能源领域，美国 2009 年成为全球最大天然气生产国，2013 年取代沙特成为全球最大石油生产国。

不仅如此，美国资本在全世界"薅羊毛"，获得丰厚回报；美国廉价进口大量发展中国家的优质商品，提高民众福利；美元被各国大量储备，为美国分担了通胀风险；美国凭借全球领先技术，赚取超额垄断利润；美国企业占据价值链高端和高附加值环节，坐享经济全球化红利。

一边端着全球化"饭碗"尽享美味，一边大声嚷嚷多边贸易体制对自己不公平，"吃亏论"彻底暴露了美国一味谋求利益最大化、在国际交往中占了大便宜还嫌不够的贪相。

退一万步说，即便美国在国际经贸中确有不爽之处，那也要看看"亏"到底吃到了谁的身上、跟美国过不去的到底是别国还是美国自己。

在一味指责别国不遵守贸易规则的同时，美国严重扭曲市场竞争、阻碍公平贸易、损害全球产业链的政策和行为比比皆是，也正是这些政策和行为破坏了以规则为基础的多边贸易体系。

在市场竞争方面，美国提供巨额补贴扶持产业发展，造成相关行业产能过剩甚至垄断格局；在对外采购方面，美国政府设置大量歧视性条件，阻碍他国优质产品向美国市场的自由流通，使他国企业在美遭受不公平待遇；

在贸易壁垒方面，美国这边强调对他国贸易存在巨额逆差，那边又实施严格的出口管制；在投资审查方面，美国滥用国家安全概念，收紧投资审查，阻碍了要素自由流动，损害了投资便利化；

在知识产权方面，美国是全球访问盗版站点次数最多的国家，却长期无视自身知识产权保护的漏洞。

联系到美国一段时间以来四面出击、大打贸易战的现实做法，明眼人都看得出来，所谓的"吃亏论"，远非打打悲情牌、过过嘴瘾那么简单。美国"为赋新词强说愁"背后是有大文章要做的。说白了就是要制造所谓的理论依据，为其贸易保护主义行径造势。

有诉求，想有所改变，这都无可厚非。关键是要调整好心态，端正姿态。自以为制造个"吃亏论"就能让子虚乌有的问题变成现实存在，或漫天要价甚至强行出手就能让他国俯首帖耳，实在是过于天真。

当今世界，国际贸易讲究的是公平，强买强卖行不通了。国际贸易规则是现成的，多边对话平台也一直存在，任性挥舞贸易保护大棒，搅得世界不安宁，美国自己也难有好日子。

让世界经济的大海退回到一个一个孤立的小湖泊、小河流，是不可能的，也不符合历史潮流。国际贸易总要接着做下去，这一点美国比谁都清楚。"美国贸易吃亏论"当休矣！

（摘编自侠客岛 2018 年 7 月 5 日，作者：百里云鹤）

商务部逐条驳斥美方对华贸易指控

2018年7月12日晚上八点半，商务部网站刊出了一则声明，标题简短："商务部发表声明"。

全文1800多字，信息量极大。可以说，这是美方挑起贸易战至今，中国官方表述最完整、最全面的一次，也是针对美方意图、美方行为性质的中国官方权威判断，可以视作是不仅向美国、且向全球的一次喊话。

针对美国贸易代表办公室2018年7月10日发表的《关于301调查的声明》，中华人民共和国商务部声明如下。

一、美方污蔑中方在经贸往来中实行不公平做法，占了便宜，是歪曲事实、站不住脚的。美方出于国内政治需要和打压中国发展的目的，编造了一整套歪曲中美经贸关系真相的政策逻辑。

事实上，美国社会经济中的深层次问题完全是美国国内结构性问题造成的，中国经济的成功从来不是对外推行"重商主义"的成功，从来不是实行所谓"国家资本主义"的成功，而是坚定推进市场化改革和不断扩大对外开放的成功。

关于"中美贸易不平衡"问题。美方称对华存在大量贸易逆差，其数字是被高估的，且主要原因不在中国，而在于美国国内储蓄率过低以及美元发挥着国际主要储备货币的职能，在于产业竞争力和国际分工差异，也在于美方出于冷战思维，对自身享有比较优势的高科技产品出口实施人为限制。

关于所谓"盗窃知识产权"问题。中国政府已建立了相对完整的知识产权法律保护体系，并不断发挥知识产权司法保护主导作用，推进设立知识产权法院和专门审判机构。2017 年，中国对外支付的知识产权使用费达到 286 亿美元，比 2001 年加入世贸组织时增长了 15 倍之多。

关于所谓"强制技术转让"问题。中国政府没有对外资企业提出过此类要求，中外企业的技术合作和其他经贸合作完全是基于自愿原则实施的契约行为，多年来双方企业都从中获得了巨大利益。

关于"中国制造 2025"等产业政策。在市场经济条件下，中国政府实施这些政策主要是指导性、引领性的，并且对所有外资企业都是开放的。具有讽刺意义的是，美国自身在农业和制造业都存在大量补贴。

二、美方指责中方漠视中美经贸分歧、没有进行积极应对，是不符合事实的。美方声称"一直耐心地"对中方做工作，而中方置之不理。事实上，中方始终高度重视双方存在的经贸分歧，从维护中美经贸合作大局出发，从满足中国人民日益增长的美好生活需要和推动中国经济高质量发展要求出发，一直在以最大诚意和耐心推动双方通过对话协商解决分歧。

仅 2018 年 2 月至 6 月，中方就与美方进行了四轮高级别经贸磋商，并于 2018 年 5 月 19 日发表《中美联合声明》，就加强双方经贸合作、不打贸易战达成重要共识，但美方出于国内政治需要，反复无常、出尔反尔，竟公然背弃双方共识，坚持与中方打一场贸易战。中方为避免经贸摩擦升级尽了最大的努力，事情发展到今天这一步，责任完全在美方。

三、美方指责中方反制行动没有国际法律依据，其实恰恰是美方单方面发起贸易战没有任何国际法律依据。

2017年8月，美方不顾中方和国际社会反对，单边对华发起"301调查"。2018年3月，美国炮制出所谓301调查报告，不顾征求意见中高达91%的反对声音，于2018年7月6日对中国340亿美元输美产品加征25%关税。2018年7月11日，美国变本加厉，公布拟对中国2000亿美元产品加征关税的清单。

美国301调查既在国内法项下违反其总统向国会作出的行政声明，又在国际法项下违反其在1998年欧盟诉美世贸争端案中作出的承诺。美国的征税措施公然违反世贸组织最惠国待遇基本原则和约束关税义务，是典型的单边主义、贸易保护主义、贸易霸凌主义，是对国际法基本精神和原则的公然践踏。

四、中方被迫采取反制行动，是维护国家利益和全球利益的必然选择，是完全正当、合理合法的。对于美方一再发出的贸易战威胁，中国政府反复申明"不愿打、不怕打、必要时不得不打"的原则立场。中方坚持不打第一枪，但在美方率先打响贸易战的情况下，被迫采取了对等反制措施。

中方这么做，完全是为了捍卫国家尊严和人民利益，捍卫自由贸易原则和多边贸易体制，捍卫世界各国的共同利益。中国政府已经将美国单边主义行为诉诸世贸组织争端解决机制。中国政府针对美国单边做法所造成的紧急情况，被迫采取相应的双边和多边应对措施，完全符合国际法的基本精神和原则。

五、美国打贸易战不仅针对中国，还以全世界为敌，将把世界经济拖入危险境地。美方打着"美国优先"旗号，以一己之私，随意"退群"，四面树敌，不仅以知识产权为名对中国发起301调查，还以国家安全名义对全球主要经济体发起232调查，针对钢铁、铝、汽车等重要产业制造贸易摩擦。目前，已有多个世贸成员对美国采取反制措施，并将美诉诸世贸组织争端解决机制。

可以说，美方发起的这场经济史上规模最大的贸易战，不是中美之间的贸易战，而是一场全球范围的贸易战。美国这么做，将会把世界经济带入"冷战陷阱""衰退陷阱""反契约陷阱""不确定陷阱"，会严重恶化全球经贸环境，戕害全球产业链和价值链，阻碍全球经济复苏，引发全球市场动荡，殃及世界上众多的跨国公司和普通消费者利益。

中方将继续按照既定部署和节奏，坚定不移地推动改革开放，并与世界各国一道，坚定不移地维护自由贸易原则和多边贸易体制。今年是中国改革开放 40 周年，过去 40 年中国经济高速增长靠的是改革开放，未来推动经济高质量发展仍然要靠改革开放。

不管外部环境发生什么变化，中国政府都将坚持发挥市场在资源配置中的决定性作用，保护产权和知识产权，发挥企业家的重要作用，鼓励竞争、反对垄断，继续推动对外开放，创造有吸引力的投资环境，坚定支持经济全球化，坚定维护国际经贸体系，与世界上一切追求进步的国家共同发展、共享繁荣。

（摘编自侠客岛 2018 年 7 月 12 日，原题目为《商务部最新声明，逐条驳斥美方对华贸易指控》）

中国扩大开放新举措是"迫于贸易战压力"?

> 这些扩大对外开放措施是中国从自身利益出发自主酝酿、推进已久的,与外部强加的"贸易战压力"无关。

在 2018 年 4 月 10 日的博鳌亚洲论坛开幕演讲中,习近平主席宣布了一系列扩大对外开放举措,全球瞩目。毫无疑问,这些措施将对中国经济社会发展产生长期正面影响,全球市场对此反应也颇为积极。

但第二天,就有声音说,中国主动扩大开放、降低关税、放宽准入等措施,是在美国对华贸易战压力下"认怂",是"被迫"。

这显然说不过去。其实,只要审视这几年来中国历次党代会、"两会"报告和一系列新制定的政策措施、文件就会知道,这些扩大对外开放措施是中国从自身利益出发自主酝酿、推进已久的,与外部强加的"贸易战压力"无关。

推动全面开放新格局早排上中央日程

我们可以先看时间。

本次中美贸易战打响,始于美国东部时间 2018 年 3 月 22 日中午、北京时间3月23日凌晨，特朗普按照事前宣布的日程签署了一份针对中国"经济侵略"的总统备忘录，宣布将就中国在钢铁、铝贸易和知识产权方面的行为向500亿美元的中国对美出口商品征收"惩罚性关税"，同时限制中国对美直接投资。

而在此之前半个多月，2018年3月5日，《政府工作报告》第三章就明确列出，"推动形成全面开放新格局。进一步拓展开放范围和层次，完善开放结构布局和体制机制，以高水平开放推动高质量发展"。其中，除推进"一带一路"国际合作外，属于扩大开放的内容包括——

"加强与国际通行经贸规则对接，建设国际一流营商环境。全面放开一般制造业，扩大电信、医疗、教育、养老、新能源汽车等领域开放……放开外资保险经纪公司经营范围限制，放宽或取消银行、证券、基金管理、期货、金融资产管理公司等外资股比限制……全面复制推广自贸区经验，探索建设自由贸易港。"

"积极扩大进口，办好首届中国国际进口博览会，下调汽车、部分日用消费品等进口关税……以更大力度的市场开放，促进产业升级和贸易平衡发展，为消费者提供更多选择。"

可以看到，习近平主席在论坛上讲的几点，事实上在政府工作报告中基本都已经有所体现，说明是中央层面早已确定并且已经排上日程。

如果把时间和目光再放远一点，我们可以看看党代会。

2013年十八届三中全会的《中共中央关于全面深化改革若干重大问题的决定》，第七章专门讲"构建开放型经济新体制"，明确表示："必须推动对内对外开放相互促进、引进来和走出去更好结合……以开放促改革。"

注意，是"以开放促改革"。本着这一原则，《中共中央关于全面深化改革若干重大问题的决定》提出了一系列扩大对外开放的主张，包括"放宽投资准入""推进服务业领域外资准入限制""进一步放开一般制造业""加快自由贸易区建设""扩大内陆沿边开放"，等等。

2017 年党的十九大报告，对外开放的字眼也多次出现。比如，"主动参与和推动经济全球化进程，发展更高层次的开放型经济"，是"新时代中国特色社会主义思想和基本方略"的一部分；"开放带来进步，封闭必然落后。中国开放的大门不会关闭，只会越开越大"这类习近平总书记在多个场合多次提到的字句，也出现在"推动形成全面开放新格局"等多个章节。

关于保护产权这件事，2017 年 9 月发布的保护企业家精神的中央文件就已提到，中国这几年改革过程中的知识产权法院、新成立的知识产权局等，也早已彰显这一精神。

再讲件事。在这种杂音之外，竟还有言论称，中国实行双休日制度，也是美国人在入世谈判中逼迫中方接受的。我有必要科普和澄清一下：五天工作制研究，是原国家科委中国科技促进发展研究中心 1986 年开始、1987 年底课题完成的，得出的结论是，"中国具有缩短工时推行五天工作制的条件"，建议国家立即制定有关方案逐步推行。

之后，经过小范围试行、探讨立法、数年试验，1994 年 3 月，全国试行"隔一周五天工作制"；1995 年 3 月，国务院令决定自 1995 年 5 月 1 日起，实行五天工作制。同年 7 月，《劳动法》正式出台，这一制度写入法律。这一切，跟美国人没有丝毫关系，而是在克服外资企业强烈反对后才得以实施的。

扩大改革开放是中国发展的需要

中国为什么要扩大对外开放？这当然不是什么贸易战的压力所致，而是中国改革和发展的内在逻辑、内生需要。

中国需要全球化。历史上，很大程度上，正是因为与国际市场隔离，清朝时的中国经济方才丧失了连续至少两千余年的世界领先地位；为了重新以平等、独立自主地位进入世界市场，我们的先辈经历了浴血奋战、突破东西方阵营全面贸易封锁的不屈不挠努力；也正是依托全球市场，中国方才得以创建数十年来的"中国奇迹"。

社会主义经济本质上就必然要求是一种开放经济。特别是对于资源禀赋谈不上充裕的中国而言，倘若不能充分利用外部市场和资源，中国的众多人口就是负担；如果能够充分利用外部市场和资源，中国的众多人口就是巨大财富和力量之源。在"人口老龄化冲击"已成热门话题之际，我们更需明白，倘若没有开放经济的长足发展，我们恐怕根本就没有可能去议论计划生育造成的劳动力缺口问题，而是还在焦头烂额应对就业机会不足。

十余年来，国内外主流声音一直要求中国改变过度依赖外需的经济增长模式。次贷危机和近年的"反全球化"浪潮，进一步凸显了这种转变的紧迫性。但我们推行的这种转变不应误入歧途，不能把"更多地依靠国内市场"混同于"高度依赖国内资源"，"价值形态的低外部依存度＋物质形态的高外部依存度"，才是我们应当追求的目标。

事实上，中国积极主动扩大对外开放，可以说正当其时。中国开放经济发展，也由第一阶段的"以平等身份进入国际市场"、第二阶段的"以国际市场求发展"，进入第三阶段的"引领全球化市场"。

为什么习近平主席会在博鳌亚洲论坛上强调进一步大幅度开放国内市场？

这首先是因为我们在前两个阶段已经极为出色地完成了工业化"赶超"任务，绝大多数产业部门，已经不是昔日需要一定保护的幼稚产业，而是已经成熟；不需要继续高度保护，而是需要引入新的更多竞争压力，以求保持其活力。

就拿这次习近平主席谈到的降低汽车进口关税来说吧。

1989 年，中国汽车年产量不过 58.35 万辆；2017 年，中国汽车产量已达 2902 万辆，销售 2888 万辆，远远超过汽车问世以来便连续把持汽车产量、销量世界冠军百年之久的美国（2017 年销售 1720 万辆）。

在此情况下，对汽车产业继续保持以前的保护程度实无必要，反而有可能导致形成不思进取的利益集团，重蹈明清漕帮垄断南北漕运、沦为国民经济和国家财政"吸血鬼"的覆辙。

见微知著。进一步大幅度开放国内市场，也是因为我们需要扩大利用廉价、高品位的国外原料、能源，以保持国内制造业和其他产业的成本竞争力。

作为一个资源并不充裕的国家，中国工业化成就的副作用之一，就是国内原料、能源日益丧失成本竞争力，再与国内劳动力、土地等要素成本上升趋势结合，对中国制造业和其他下游产业成本竞争力的打击日益凸显。中国国民经济基础是下游制造业，而不是上游资源产业。要保持下游现代制造业成本竞争力，我们就需要尽可能消除上游原料、能源投入成本高出国际市场的部分。

进一步大幅度开放国内市场，更是我们引领全球市场的需要。

进口能力便是权力。如果没有进入中国大市场的利益，别国有何动机与中国规则接轨？如果没有可能丧失中国大市场的风险威慑，外国跨国公司为什么要接受中国的裁决？

当我们为欧洲、日本等外国跨国公司服服帖帖接受美国司法惩处，缴纳数以亿计天价罚款而震撼时，要明白，美国对这些外国跨国公司行使强制权力的基础，在于这些公司承受不起被美国市场"开除"的代价。对中国，同理。

扩大对外开放与应对贸易战并行不悖

中国积极主动扩大对外开放，愿意与贸易伙伴分享发展繁荣机会，不是对贸易伙伴没有任何要求。习近平主席在论坛上的演讲中就提出——

"我们鼓励中外企业开展正常技术交流合作，保护在华外资企业合法知识产权。同时，我们希望外国政府加强对中国知识产权的保护。"

"我们希望发达国家对正常合理的高技术产品贸易停止人为设限，放宽对华高技术产品出口管制。"

就当前这场中美贸易战而言，与中国爆发贸易冲突，将导致美国企业将在华市场份额拱手让人。2015 年，美国企业在华销售收入高达 5170 亿美元。如果特朗普执意在错误的道路上越走越远，这些美方的巨额利益都可以成为中方反制的武器，而其他各国企业将很乐于拿走这块巨大的蛋糕。

同时，与中国爆发贸易冲突，还将导致美国企业无法享受中国进一步扩大开放的举措，无论是降关税，还是放宽外资准入。无论此次中美贸易战结果如何，都不会动摇中国决策层进一步大幅度扩大对外开放的决心意志。但是，倘若美国决策者一意孤行，非要把中美经贸关系推向全面摩擦的境地，那么，美国汽车等产品生产商、美国大豆等产品生产者，就只能坐视上述中国市场机会落入别国同行之手。

坐在美国总统的位子上，特朗普当然希望解决财政、贸易"孪生赤字"痼疾，改善宏观经济失衡，这可以理解。但是，我们绝不可能接受违反 WTO 规则，以美国国内法采取单边行动；绝对不可能接受违反客观经济规律、削减贸易逆差指令性计划；绝对不可能接受、成全外国政治家拿中国为了自身需求而自主采取的扩大开放措施，当作自己发动贸易战施压的"战绩"而收割国内政治果实——比如，把中国上述一以贯之的扩大开放、主动作为，说成是在自己的"压力"下达致的。

换言之，有没有特朗普，中国对外开放的进程不会停滞，这是我们发展和进步的内生需求，中国也愿意向世界各国企业更大程度地打开大门。但是，要不要先把自己罚出场外，就看山姆大叔自己的选择了。

（摘编自侠客岛 2018 年 4 月 10 日，原题目为《中国扩大开放举措是"迫于贸易战压力"？笑话》，作者：梅新育）

中国对美加征关税是"以战止战"

2018 年 4 月 2 日，国务院关税税则委员会发布通知，对原产于美国的部分进口商品中止关税减让义务。这是中国反制美国对华贸易保护举动的最新措施。针对中国反制举措是否意味着在推动经济全球化态度上出现倒退这一问题，专家指出，美国对华发起"贸易战"，严重侵犯中方合法利益在先，中方对美加征关税在后。中方相关举措是被动进行的"正当防卫"，目的在于"以战止战"，维护经济全球化大局。从实践来看，中国对外开放的成就有目共睹，对外开放的脚步不会停歇。

中方反制态度坚决

根据最新安排，中国对美反制措施主要有两方面：一是对原产于美国的水果及制品等 120 项进口商品中止关税减让义务，在现行适用关税税率基础上加征关税，加征关税税率为 15%；二是对原产于美国的猪肉及制品等 8 项进口商品中止关税减让义务，在现行适用关税税率基础上加征关税，加征关税税率为 25%。

商务部新闻发言人高峰表示，美方滥用 WTO "安全例外"条款，严重违反了作为多边贸易体制基石的非歧视原则，严重侵犯中方利益。中方对美方中止履行部分义务，是中国作为世贸组织成员的正当权利。希望美方尽快撤销违反世贸组织规则的措施，使中美双方间有关产品的贸易回归到正常轨道。

外交部发言人陆慷指出，中方不想打贸易战，同时如果被迫卷入贸易战，中方有底气、有信心维护好自身利益。中方希望美方决策者认真聆听美国消费者和有关产业界的广泛呼声，没必要非撞上南墙再回头。

相比于美国，中国在贸易上的表现其实一向无可指责。数据显示，在履行降低关税承诺方面，中国关税总水平已由加入时的 15.3% 降至 9.8%，实现了对世贸组织所有成员的承诺，达到并超过了世贸组织对发展中成员的要求。如果考虑到贸易结构的因素，中国实际的贸易加权平均税率只有 4.4%，已非常接近发达成员（美国是 2.4%，欧盟是 3%，澳大利亚是 4%）。

贸易保护不得人心

对于特朗普政府发动"贸易战"的倒行逆施做法，美国国内外呈现一片反对之声。

美国信息技术创新基金会在一份报告中警告，如果特朗普政府对从中国进口的信息和通讯技术产品加征 25% 的关税，将导致美国经济未来 10 年损失约 3320 亿美元。高额关税产生的负担最终将转嫁到美国企业和消费者头上。美国哥伦比亚大学、诺贝尔经济学奖得主约瑟夫·斯蒂格利茨指出，如果美中两国政府将贸易惩罚措施升级，美国经济将感受到"痛苦"，并可能对特朗普总统产生政治影响，打击到支持特朗普的选民。

在巴西经济学家罗伯托·达马斯看来，美国政府对中国产品征收巨额关税将使得其最终产品在国际市场竞争力降低并且在美国当地售价升高，这无疑损害了广大美国民众的利益。当前，美国劳动生产率远高于过去，生产同一产品所需要的劳动力大为减少。因此，设置贸易壁垒不会提升制造业的就业水平，反而将影响整个生产链上美国工人的就业与收入。如果再加上贸易伙伴的报复措施，将会导致美国出现更高的贸易赤字。

南开大学国际经济贸易系主任彭支伟指出，美国采取贸易保护措施既伤害了自身利益，也伤害了中国的利益。"从方向、力度上来看，中国此次采取的反制措施针对性很强，既履行了 WTO 框架下的程序，又未随意扩大。短期看，这是维护自身权益的必要之举；长期看，最终还是为了让双方回到谈判桌上来，实现互利共赢。"彭支伟说。

中国开放不会动摇

世界银行报告显示，中国的营商便利化程度在过去 5 年中上升了 18 位。2017 年，中国吸收外资 1363 亿美元，居世界第二，再创历史新高。与此同时，中资企业上缴东道国税费超过 300 亿美元，为当地创造就业岗位 135 万个……

中国人民大学重阳金融研究院高级研究员董希淼表示，中国入世以来，积极履行各项承诺，对外开放步伐不断加快，已成为全球第一大货物贸易出口国和第二大进口国、吸引外资最多的发展中国家以及主要的对外投资国，开放成果备受全球关注和认可。"失之东隅，收之桑榆。近年来，欧洲、东盟等地区经济复苏势头也不错，我们可增加对相关贸易伙伴的进出口。同时，在'一带一路'框架下，我们也能持续与多边国际组织保持沟通，争取国际社会更大支持。"董希淼说。

出手反制迫于无奈，开放步伐不会动摇。专家普遍认为，巨大的共同利益将最终使美方回到谈判桌上来。虽然对美国而言过程可能曲折，但中国对外开放的步伐却不会动摇。

"美国通过贸易战逼迫中国开放，显然难以让我们接受。需要看到，中国的对外开放是基于我国经济由高速增长阶段转向高质量发展阶段的现实需要，而非外界压力和干扰。在这一过程中，中国对外开放的步伐不会动摇，节奏也将自己掌握。"彭支伟说。

（摘编自《人民日报海外版》2018 年 4 月 3 日，作者：王俊岭）

美抛"清单"我"亮剑"：中国不惧施压恫吓

美国东部时间 2018 年 4 月 3 日，美国发布对华"301 调查"项下征税产品建议清单，涉及中国约 500 亿美元出口。数小时内，中方多部门相继强势回应，4 月 4 日下午，中方公布对自美进口的大豆、汽车、化工品等 500 亿美元商品征税的对等措施。多方分析指出，从商品清单选择来看，中方的反击精准有力。中国此次"亮剑"，是不屈从外部压力，坚决捍卫自身合法权益的正义行动。面对中美贸易摩擦，中方态度一如既往：打，奉陪到底；谈，大门敞开。

先礼后兵　合理反击

美国发布的建议征税清单涵盖中国约 1300 个税号的产品，价值约 500 亿美元，建议税率为 25%，涉及信息和通信技术、航空航天、机器人、医药、机械等行业。

美方此举遭到各方强烈反对。英国《金融时报》在 4 月 4 日报道中采访了数位美国商界人士，他们普遍表示对美方此举"忧心忡忡"甚至"愤怒"。4 月 4 日当天，中国机电产品进出口商会、中国国际商会、中国纺织工业联合会等商协会纷纷发表声明，强烈谴责美国征税的举动。

"美国清单主要针对'中国制造 2025'，试图封杀中国制造业向高端领域进军的道路，此外，还试图通过征税来削减贸易逆差。在这种情况下，中国只有反制，让贸易保护主义付出代价。"商务部研究院国际市场研究所副所长白明说。

商务部副部长王受文表示，美方此举没有任何事实依据，违背美方国际义务，威胁中国经济安全，危及全球经济复苏和稳定。本着国际法精神，中国也公布了将近 500 亿美元的清单。"这个做法是被迫采取，同时也是克制的。"王受文说。

4 月 4 日，中国还就美国对华 301 调查项下征税建议在世贸组织争端解决机制下提起磋商请求，正式启动世贸组织争端解决程序。

俄罗斯卫星通讯社报道称，美国的做法是典型的单边主义和贸易保护主义，严重动摇了 WTO 的根基，使多边贸易体制面临空前险境。中国对美实施反制措施是运用 WTO 规则，先礼后兵，合理反击，是维护中国利益而采取的正当举措。

祭出重拳　留有后手

4 月 4 日下午，经国务院批准，国务院关税税则委员会决定，对原产于美国的大豆、汽车、化工品等 14 类 106 项商品加征 25% 的关税，涉及中国自美约 500 亿美元的进口额。

"提出目录和相关顺序是有依据的。"财政部副部长朱光耀举了大豆的例子。他说，美国的大豆对中国的出口占美国全部出口大豆的 62%，2017年，美国向中国出口大豆 3285.4 万吨，占中国整个进口的 34.39%。"进口量太大，中国种植大豆的农民向相关协会提出了诉求，美国政府方面的补贴已经影响到中国种植大豆农民的利益，中国政府要尊重中国农民的要求，尊重中国大豆协会的政策诉求。"朱光耀说。

在多位专家看来，精准、有力是中方此次反制清单的特点。"中方清单的选择是很慎重、有讲究的。选择了美国对中国依存度高的商品，让美方产生压力。虽只有106项商品，但大豆、汽车、飞机等大件将产生很大影响。"白明说，中方这次敢"三箭齐发"，说明后面还有更强的"武器"。此前中国针对美国"232措施"对128项产品加征关税是宣示决心；这次出重拳；下一次还有"后手"。

新加坡《联合早报》的报道则认为，若真"开打"，中方更有能力反击美方。报道称，如果美中贸易继续恶化，美国制造业增长将受到拖累。而中国目前依赖美国供应商的产品还有其他选择，例如可以改从南美国家进口猪肉，也可以寻找其他大豆供应来源。

打则奉陪　谈则"开门"

值得注意的是，美公布建议关税清单后，将有一个公示磋商期。中方也在公告中称："实施日期将视美国政府对我商品加征关税实施情况，由国务院关税税则委员会另行公布。"

4月4日，中国驻美国大使崔天凯会见美国代理国务卿沙利文。双方就中美关系等相关事宜交换了意见。崔天凯重申中方在中美经贸问题上的立场，要求美方及早摒弃单边主义、贸易保护主义的做法，停止对华301调查，通过对话协商的方式同中方解决有关分歧。

"中美之间保持着密切的沟通，即使在分歧很严重的方面，也保持着政策的沟通。"朱光耀说，现在中美两个大国存在经济方面的分歧，反映了对对方更加开放的市场的需求，反映了合作的愿望。

中方历来强调中美的经济关系是互利共赢。1979年，中美两国建交之初，中美贸易额只有25亿美元，到2017年达到5800亿美元，增长了232倍还多。目前美国商界不少声音呼吁，希望特朗普政府能在窗口期内，同中方通过谈判解决问题。

无论结果如何，中国此次"亮剑"已经表明决心和行动力。"中国从来没有对外部压力屈服。外部的压力只能使中国人民更加奋发图强、聚精会神，促进创新、促进发展。"朱光耀说。

正如王受文言简意赅的表态："打，奉陪到底；谈，大门敞开。"

（摘编自《人民日报海外版》2018 年 4 月 6 日，作者：李婕）

通盘思考贸易战 [1]

从美国挑起贸易战伊始，我就撰文指出，中国要与特朗普打一场史诗级贸易战，现在看来，这一判断和主张大致符合事态演变。原因不仅是美方这次主动寻衅，涉案贸易额就大幅超过此前全球贸易史上双边贸易争端涉案额的最高纪录（还有可能成倍加码），且有以下原因。

首先，单纯从经济上看，这次美国主动挑起的大规模贸易战，可以说是完全不符合经济逻辑。通常，贸易保护措施最重要动机之一，就是保护就业与福利，特别是受进口冲击部门的就业。如果在经济萧条时期实施贸易保护措施，还有可能在一定时期、一定范围内改善本国就业状况。

问题是美国现在并非处于萧条时期，而是处于经济景气时期，而且是经济景气的峰顶。美国现在已经实现了充分就业，一些地区和产业部门还出现了劳动力供不应求的缺口；此时发动如此大规模贸易战且不断升级、扩大，不可能有效地增加美国的总体就业和福利，只能给美国宏观经济运行增加额外的干扰冲击。所以，美国主动挑起这场贸易战，没有经济逻辑。

因此，观察这场贸易战的根源，需要更多地从大国竞争的视角出发。

---

[1] 本文根据 2018 年 7 月 7 日中国新闻社国是论坛发言整理。

视 角

这场贸易战爆发以来，特别是最近一个多月，有一种声音认为根源在于我方，是我方放弃韬光养晦策略，把美国从朋友逼成了敌人云云。我认为，这种说法对中美关系发展状况缺乏基本了解。

我们不称霸，不追求当头，但且不说三四十年前中国的国力状况和国际环境下的韬光养晦策略在今天能否适用，单说美国国家安全战略报告至少十几年前就开始把中国定性为战略竞争对手了，并不是到特朗普才开始的。

而且，特朗普胜选以来，我方为稳定、发展中美关系付出了巨大努力。从习近平主席到访海湖庄园，到特朗普访华时签署的 2500 亿美元协议，再到刘鹤副总理在"两会"前夕访美，世人有目共睹。所以，尽管我们不想打贸易战，但这场贸易战爆发是不可避免的，是不以人的善良意愿为转移的。

中美之间摩擦的本质，是守成霸权美国企图遏制新兴大国中国。

数十年来，美国对华遏制战略的中心策略，已经随形势变化而几度转移；挑起这场贸易战，标志着美国此前几十年对华遏制策略的失败，从而被迫进入一个新阶段。经济竞争成为这个阶段的中心策略，贸易战是经济竞争的最突出、最激烈表现。所以，这次美国挑起的贸易战不是一起事件，而是一个阶段。而且，这场贸易战实际上代表着美国对中国一种比较全面的挑战。

正因为如此，这场贸易战的结果、发展走向，可能决定未来十年、几十年、甚至更长时间国际格局的模样。

判　断

应对这场贸易战，我们要打总体战，而且也是持久战，不指望着三五个月就能解决，起码要打算持续到当前美国经济周期这一景气阶段的结束，或是特朗普的这一个任期结束。只有做好这个起码的打算，才能争取较好的结果。

我们的目的当然是以战止战，通过让美方感到实实在在的疼痛，遏制美方在经贸和其他领域寻衅牟利的道德风险，同时隐形震慑其他某些贸易伙伴动辄企图诉诸贸易保护的道德风险。但有一个严峻的问题，就是这场贸易战是否意味着中美全面激烈的对抗？是否意味着中美由此全面进入新冷战、甚至是热战之中？

自从这场贸易战爆发以来，国内外金融市场已经发生多次剧烈震荡。市场参与者的担忧，正是造成国内外金融市场剧烈震荡的一个非常重要的原因。

美国挑起贸易战的背景是美国战略扩张，还是战略收缩？对此问题的判断将在很大程度上决定我们应对的指导思想。毫无疑问，我们处理事情要朝最好的方向努力，做最坏的打算。

根据 2016 年以来的持续观察，再三思考，我依然维持 2016 年美国总统竞选期间对特朗普对外政策理念的判断：他奉行的是战略收缩而不是战略扩张。

基于上述判断，我认为，在可预见的未来，中美全面对抗的这种风险概率是比较低的，或者说是相当低的。当然，中国要做好防范各类极端状况、包括最极端状况的准备，虽然我认为出现最极端状况的概率非常低。

不错，特朗普在国际事务方面行动表现得非常咄咄逼人，但仔细审视他的诉求，他追求的目标并不是战略扩张，而是战略收缩，他是在以咄咄逼人的姿势实施战略收缩。对此，中国需要准确把握。毕竟，行为的方式和目标，这是两回事。

这样，从现在开始到未来的十几年内，可能是中美关系风云激荡、非常关键的一个窗口期。如果中国能够把握好、处理好这个窗口期的话，可能会开创和平崛起历史的新篇章。

应　对

应对贸易战，中国需要讲策略。《孙子兵法》有云：上兵伐谋，其次伐交，其次伐兵，其下攻城。在这场贸易战中，对中国而言，"伐谋"已经不可能了，对方的"谋"已经成了，现在能做的策略是"伐交"。事实上，这几个月中国也一直在做"伐交"的工作。

在这方面，特朗普替我们外交部门把"伐交"的工作做了一半。特朗普同时向全世界贸易开战，我真没有想到他能做到这样，这样就为我们下面"伐兵"创造了一个相对良好的外部环境。

在这场贸易战的"伐兵"问题上，要注意到这样几点：

其一，中国要充分考虑防范应对极端状况。假如特朗普对中国出口到美国的全部商品都额外加征关税，出现这样的极端状况会怎么样？中国能不能经受住冲击？我认为，这种冲击中国能够经受得住。

即使不考虑内需，中国向美国全部出口都被额外加征关税，也并不意味着中国对美出口商品会全部退出市场，因为中国对美国出口的很多大宗商品在美国和全球市场占有率特别高；美国即使额外加征关税，也没有合适的地方去寻找替代货源，只有提高销售价格。

其二，对于额外加征关税行为，不要低估世界各国企业界应对的手法和调整的弹性。

其三，如果这场贸易战止步于每一方 500 亿美元的规模，那么对双方经济、社会生活全局的实际影响较小，绝大多数普通民众可以做到基本无感；如果贸易战持续加码，如同特朗普威胁的那样打到 2500 亿美元、4500 亿美元，甚至向中国 5000 多亿美元对美出口全部加征关税的话，美国经济社会生活遭受的冲击就会格外凸显出来。

那时，我们还需要考虑这样一个问题：按照美国经济周期运行规律，在没有大规模贸易战干扰的情况下，美国经济结束当前的景气、步入萧条应该是在 2020 年前后，大规模贸易战是否会推动萧条提前到来并加深萧条程度？次贷危机时中国通过"四万亿"计划反危机，如果未来新一场美国经济萧条到来，届时我们该如何反危机？尽管还有时间，但现在就该开始前瞻思考了。

在这场贸易战的具体"伐兵"策略方面，第一笔 500 亿美元贸易额的加增关税是对等的"同态复仇"，但鉴于中美经贸关系的不对称，后面就应当是你打你的、我打我的了。

机　遇

下面一个问题就是，中国要利用危机创造的机遇。毕竟，特朗普这回采取的一系列策略，给美国自身也带来了非常多的负面作用。

第一，大大提升了美国在国际社会的不确定性。

在 2016 年竞选的时候，特朗普就一再讲，美国对外政策的行动完全可预测，这样使得美国不能以最好条件达成交易。他如果上台，就要让美国的行动完全不可预测，这样才能让美国以最好条件达成交易。这个说法、思路，我不能说他完全错误。

在谈判中，一方特别是整体实力占优势一方若能让对方感到一定程度的不可预测，的确能给自己的谈判增添额外优势；但是他做到了极端，政策决策过度的不确定性，只能彻底消除他的信用，别的国家会考虑：费力与他谈判达成协议还有什么价值？

第二，美国对中兴的那一刀，是这场贸易战到目前为止中国遭受的最大损失。这一刀从短期来看美国赚了，从长期来看，恐怕是使美国高技术产业严重损害了自己在市场中的信誉，会促使中国这样的受制裁国家加倍努力自主开发关键技术、关键元件，也会促使其他国家厂商努力寻求关键元件的非美国供应商，哪怕是能够直接从这次事件中渔利的中兴外国竞争对手也不例外。

回顾一下1970年代初的石油危机，阿拉伯国家对美国、对西方的全面石油禁运产生了什么结果？最重要的结果就是推动了替代的新能源技术从无到有迅猛发展。

美国对全世界开打贸易战，战火已经蔓延到汽车业，可能不久就会有数千亿美元贸易额汽车产品被实际加征关税；中国则在此时大幅度放宽外资政策，包括取消了在华合资汽车企业股比上限。不同国家这样的政策组合起来，很有可能创造一个外资汽车企业，寻求在华出口导向型汽车生产项目投资大规模增长的机遇，这是值得中国产业界、中国全国招商引资部门密切关注和抓住的潜在机遇。

同时，我注意到这一点，在这场贸易战中，特朗普的一些政敌跳得比特朗普还要高，"越闹越革命"，我认为这是一种比较巧妙的陷特朗普于泥潭、请君入瓮的政治斗争手法。不知道特朗普是否意识到了这一点。

影　响

我们还需要关注这场贸易战的后续影响。

第一，对我们经济发展战略的影响。这场贸易战到现在的结果之一，是使得社会上产生很多舆论，主张我们的经济发展战略要更多地依靠内需，等等。但是，我认为对中国来说，过度强调内需的发展战略是不可持续的，对我们的制造业、实体经济部门也是自废武功的；对于整个世界经济体系来说，中国过度依赖内需，同样潜藏着颠覆性风险。

第二，我们在海外发展方面要适度控制投入力度。2016 年特朗普竞选期间，我在一系列专栏文章中，早早地公开看好特朗普胜选的前景，而且正面看待他的一些政策理念和主张。也正是基于对他理念和政策主张的了解，2016 年 9 月，我的专栏文章提出了这样一个忧虑——特朗普主张集中精力搞经济建设，重建实体经济，固本培元；如果出现"中国向海外过度虚耗资源＋美国固本培元"的政策组合，对于中美两国国力对比格局发展演变，会产生什么样的效果？

此前三四十年，一直是中国相对于美国国力上升，如果出现这种情况，可能导致中国国力相对美国转向削弱，同时会助推希望"赶超"中国的国家，这是我们必须尽力避免和防范的。

第三，这场贸易战怎样算输、怎样算赢？

我认为，既然美国发起这场贸易战是其遏制中国策略步入新阶段，那么，不管具体周折如何，只要最终没有打断中国的持续发展，中国增长速度仍然超过美国等西方主要大国，中国在国际经济体系中的份额仍在继续上升，那么，中国就赢了。

（摘编自侠客岛 2018 年 7 月 12 日，原题目为《通盘思考，打赢这场"史诗级贸易战"》，作者：梅新育）

坚持五种思维，打赢"对美贸易自卫反击战"

2018 年 7 月 10 日，美国贸易代表办公室公布拟对额外 2000 亿美元中国输美产品加征 10% 关税的清单。此前，美方已开始对 500 亿美元中国输美产品加征 25% 关税，特朗普还威胁对另外 3000 亿美元中国出口商品加征关税。在国际舆论看来，一意孤行的特朗普政府确实疯了。

特朗普发起贸易战，看似不合逻辑，却有着自己的一套逻辑：美国拥有最大的贸易逆差，是全世界"最吃亏"的国家，贸易战稳赚不赔，美国失去的是"逆差"，保住的将是"唯我独尊"的世界地位。特朗普本人及其身边顾问的理念也不是凭空而来的。他们的思想是美国历史上各种思潮与当今社会趋势混杂交织的结果，体现了美国例外论、孤立主义、单边主义、贸易保护主义、经济民族主义甚至白人至上论、种族主义，等等。特朗普政府的"美国优先"政策属于上述思潮混杂后的"集大成者"。

对中国来说，这场斗争迟早会来，很可能是一场持久战，中国也一定能够打赢。"打赢"的含义不是简单的谁输谁赢，中国"打赢"的衡量标准是打出一个更加繁荣、稳定的中国。为此，应对美国挑起的贸易战，离不开以下五种思维。

战略思维。观大势、谋大局，就能"任凭风浪起，稳坐钓鱼船"。对于贸易战，不能被乱花迷眼，也不能被浮云遮眼，不能因一时一事而受影响，更不能掉入别人故意设置的陷阱。这场世界经济史上最大规模的贸易战是特朗普政府强加给中国的，意图是多方面的，其核心图谋是压缩中国的发展空间，迟滞中国的发展进程。面对咄咄逼人的特朗普政府和复杂多变的国际局势，中国充分发挥中国特色社会主义制度这一最大优势，坚持统筹国内国际两个大局，统筹发展安全稳定，集中精力做好自己的事，就有足够的战略定力和战略自信。

历史思维。首先，我国处于近代以来最好的发展时期，世界处于百年未有之大变局，两者同步交织、相互激荡，做好当前和今后一个时期对外工作具备很多国际有利条件。其次，中国从站起来、富起来到强起来的历史进程中，美国因素如影随形，如果说过去我国多为被动应对美国因素，如今我们塑造中美关系、应对美国挑战的手段和方式越来越多。最后，特朗普政府这种不可一世的强权、霸凌、讹诈行径，不由使人想起二战期间某些人那种不可一世、专横跋扈、歇斯底里。西谚说，"神欲使之灭亡，必先使之疯狂。"美方这种失去理性的行为十分危险，伤害中国，伤害全世界，也将伤害其自身。中国站在历史正确一边。

辩证思维。一分为二地看问题。美方走极端，物极必反，多行不义必自毙。中方完全可以扬长避短、化危为机，把美方强加给的压力变为我们深化改革、扩大开放的动力，把坏事变好事。特朗普政府大搞"美国优先"，疏远了很多国家。中国致力于合作共赢，则赢得越来越多的伙伴。美方破坏多边规则、全球产业链、价值链，中方可以借助全球伙伴关系网络，依靠主动进取的创新精神，相应调整产业链、价值链布局，形成新的经贸生态，减少被美方要挟、讹诈的空间。

底线思维。这有两层含义。其一，同美国政府打交道，要做最坏的打算，并向最好的方向努力。其二，坚守自己的原则和底线。特朗普政府企图靠不可预测性使对手摸不到头脑、失去平衡，从而使自己占据优势，又凭借美国的超级大国地位，自认为强大无比，可以无视国际规则，其他国家会甘拜下风，拱手让渡国家利益。面对这样的对手，我们绝不能让对方牵着鼻子走。中方将坚持自己改革开放的既定路线图和节奏不动摇，不会把自己的发展和经济命脉建立在期待特朗普政府的善意上。

系统思维。应对美国挑起的贸易战是一项复杂的系统工程，既涉及中美双边关系，也牵涉世界各主要经济体；既是一场贸易领域的攻防战，又不局限于此；既是经贸之争，也是世界观、规则观、合作观之争。从近来中方陆续出台的一系列措施来看，中国加强了顶层设计，体现了各部门、各行业、各领域对内对外的协同与配合。中方系统性地应对贸易战，坚持改革开放，坚守自由贸易、多边主义，将会在美国普遍加征关税的背景下，推动国内国际逐渐形成新的产业链、价值链，从而减少美国的影响和分量。"美国优先"变成"美国孤立"。这也许将是特朗普政府始料不及的。

这场贸易战会给中国经济和世界经济带来不确定性，但有一点是确定无疑的：中国前进的脚步无人能挡。打赢这场"对美贸易自卫反击战"，就当作中国崛起之路上的"腊子口"吧。

（摘编自《人民日报海外版》2018 年 7 月 12 日，作者：贾秀东）

危机在前，我们应该踏实做点什么？

2018 年 7 月 13 日，中央财经委员会第二次会议召开，会议提到关键技术是国之重器，必须切实提高我国关键核心技术创新能力。

其实看通稿，13 日会议谈科技和科技创新主要讲了三个方面：科技和科技创新的重要意义、我国现有科技水平，还有大篇幅在谈科研领域怎么改革。

从美国挑起贸易战、中方被迫应对开始，中国舆论场上就开始了几种讨论。其中，理性且有建设性的一种是：从这场被迫接招的危机中，我们应当看到自己的差距，而非沉浸在经济快速发展、社会巨大变化的喜悦中而不自觉。

中国的产业、科技，与世界先进水平的差距究竟有多大？我们到底处在怎样的位置？这是判断形势、研究战略的首要问题。

"核心技术靠化缘是要不来的"

13 日的会议提到，近年来我国科技事业发展和科技创新能力进步明显，但我国科技发展水平特别是关键核心技术创新能力同国际先进水平相比还有很大差距，显然这和实现"两个一百年"奋斗目标的要求还很不适应。

差距有，还不小，这就给了我们紧迫感和危机感。

所以，我们要坚定信心，奋起直追，从国家发展需要出发，提升技术创新能力，加强基础研究，努力取得重大原创性突破。

2015 年 11 月，全国政协十二届常委会第十三次会议召开。会上，工信部部长苗圩称，在全球制造业的"四级梯队"中，中国处在"第三梯队"，且这种格局在短时间内难有根本性改变，"希望到新中国成立 100 年时，把我国建设成为引领世界制造业发展的制造强国"。

中华人民共和国成立 100 年，也就是 2049，距目前还有 31 年。在中国身前，位居"第一梯队"的是美国，"全球科技创新中心"；第二梯队则是"老牌资本主义国家"，如欧盟、日本等，在高端制造业和技术、资本、人才的积累上全球领先。中国与众多发展中国家一道，依然处在第三梯队、长期赶超的阶段；"中国已成为制造业大国，但还不是制造业强国，与先进国家相比，仍有较大差距"。

制造业如此，如火如荼的新技术也需在繁华背后看到问题。2016 年，在网络安全和信息化工作座谈会上，习近平说："互联网核心技术是我们最大的'命门'，核心技术受制于人是我们最大的隐患。一个互联网企业即便规模再大、市值再高，如果核心元器件严重依赖外国，供应链的'命门'掌握在别人手里，那就好比在别人的墙基上砌房子，再大再漂亮也可能经不起风雨，甚至会不堪一击。"

"核心技术靠化缘是要不来的。"习近平说。这不仅是因为他国"国家安全""政治因素"的借口，更深层的是产业和市场的规律使然。比如，在中国众多的合资企业（尤其是技术含量高的企业）中，有相当高比例的技术活动都严重依赖其母国的研发资源，产品的研发活动高度集中于其总部所在地，中方几乎没有参与空间，研发的外溢效应非常弱。

核心技术不掌握在自己手中，就永远会陷入被"卡脖子"的危险。即便现在全球产业链拉长，我们可以凭借比较优势去做擅长的事，但对核心技术、关键领域依然要有掌控力。归根结底，这要靠自己。

怎么办？

"华为进入无人区"

回顾两百多年来的世界工业发展史进程，有一个规律不可回避：产业的发展，前提和基础是科学的突破。

比如，力学和热学基础理论进步，推动了蒸汽机、内燃机的发明，以及后面引发的工业革命，我们都熟知了；现代社会的基础电力，其广泛实用化得益于电磁理论；数学与物理的接力突破，奠定了无线通信的理论基础；现代计算机无比强大的功能，起源于最基础、最简单的数学规则；航空航天产业的起飞，则得益于空气动力学的演进……

时移势易，道理依然。中国产业的差距，其实和中国基础研究的差距是"共振"的。产业的差距是表现出来、人皆可见的表象，其内里则是基础研究的差距。

2016 年 5 月，在全国科技创新大会上，企业家任正非说过这样一番话："华为现在的水平尚停留在工程教学、物理算法等工程科学的创新层面，尚未真正进入基础理论研究。随着逐步逼近香农定理、摩尔定律的极限，而对大流量、低时延的理论还未创造出来，华为已感到前途茫茫、找不到方向。华为已前进在迷航中。重大创新是无人区的生存法则，没有理论突破，没有技术突破，没有大量的技术积累，是不可能产生爆发性创新的。"

"华为进入无人区"是当时新闻热议的焦点。"进入无人区"的表述说明了华为已经在业界取得的领先地位，也说明了任正非和华为的焦虑。"高处不胜寒"，到这个阶段后，没有重大理论创新、没有基础科学的突破，华为也面临着困境和迷茫。

拥有核心技术、无惧美国长期提防制裁的华为尚且如此，其他中国企业相信也会有类似的困扰。这也符合科技进步的逻辑——基础研究、前沿领域、核心技术的积累，本身就需要符合科学规律、经过相当长时间的蛰伏。

其实今天看那些"卡脖子"的核心技术，无论是发动机、芯片还是互联网技术、精密制造，无一例外，领先的国家都比我们起步早得多，弯路也走得多，不领先才不正常。对此，要保持历史的耐心。既然我们已用几十年走过了西方数百年的发展道路，也就同样不惮于再用几十年，完成自己在科学技术上的"原始积累"。

尊重科学和产业发展规律，潜心治学、踏实研究，而不是光想着上规模、挣快钱，是危机中人们应当达成的共识，也是中国实现真正转型升级的必由之路。

亟待解决优秀人才培养机制

怎样搞好科学基础研究？这是一个专业性很强的问题，不同的角度会有不同答案。但最根本的逻辑绕不开：需要培养大量的优秀人才。

放眼世界，但凡在核心技术层面领先的国家，其教育一定有值得称道之处。且不论美国，德国的机床、精密制造，英国的航空发动机、机械、微电子，日本的材料科学、尖端机器人，其背后都有教育作为支撑。这几个国家，培养出的诺奖得主都以数十计；世界排名靠前的大学，以及或均等、或精英的基础教育体系，才是其真正的创新之源、实力之基。

一般人普遍的认知是，中国的基础教育并不差，甚至比很多发达国家更好；但在PISA2015（国际学生评估项目）的测评中，中国学生的排名从2009、2012连续两次排名第一落到总分第十，阅读刚过平均线，数学科学成绩也一般。而在参与测试的国家中，中国学生"想当科学家"的人非常少，他们中的大部分解题解得很好，但没有觉得科学是将来要终身从事的事业。

这也不难理解。一个孩子要有科学梦想，未来要能投身基础研究、投身实业发展，前提是这个社会有足够鼓励科学、尊重人才的氛围。毕竟，在急功近利的社会氛围里，绝难产生超越性的科学与思想。

不夸张地说，现代产业的根本在基础研究，基础研究的根本在基础教育，基础教育的根本在中小学教师。只有让教师成为最伟大的职业，成为优秀青年的向往，用最优秀的人去培养更优秀的人，才能形成正向的良性循环。

应该说，几十年来，我们的教育虽然整体投入巨大、增速也未减缓，但教育资源的分配、优秀人才投身教育的比例却出现了不少问题。经常见诸报端的对比是，大城市里天价学区房长期"一位难求"，但贫困地区的教师工资、儿童受教育的环境依然有相当大的待提升空间。"中国同时拥有最好和最差的基础教育"的现状若不改变，长此以往，不仅高端人才将继续面临流失窘境，适合未来产业发展的高素质劳动力亦将减少。

这恰恰是中国最应当引发重视和警醒的领域。

中国历来不缺乏居安思危的辩证思维。危机出现之时，亦是机遇存在之刻。从危机中看到差距、找出根源，寻得方法、徐图奋起，"危"便可转"机"。如此，若干年后当我们回顾这场危机的历史，或许也才会感激这"当头一棒""断然一喝"给这个国家、这个民族带来的警醒之感。

（摘编自侠客岛 2018 年 7 月 14 日，作者：华言）

美国挑起的贸易战是一堂全民教育课

2018 年 7 月 6 日，世界经济史上最大规模的贸易战在中美两国间正式打响。对中国来讲，这是一场被美国特朗普政府强加的、被迫采取反制措施的贸易战争。中国有信心、有决心打赢这场贸易战。

对中国社会来讲，这场没有硝烟的战争无疑是一堂生动、实在的全民教育课，教育中国人用更成熟、更全面的视角认清美国的贸易霸凌行径，认清这个残酷的国际竞争环境，认清未来中国发展之路，强化战略思维、历史思维、底线思维，进而更有战略定力和战略自信。

这是一堂现实主义的国际政治课。21 世纪以来，伊拉克战争、国际金融危机、"阿拉伯之春"等重大事件一次次撕裂了美国以民主、自由、人权为幌子的虚伪面具。这一次，美国对华贸易战再次提醒世人，美国对外推行的各项政策的本质，仍是以自我利益为中心、以强权政治为基础的霸权主义，这一点没有变。

这是一堂利益博弈的国际经济课。近 20 年来，国际社会一度认为，国际规则与制度已成为国家行动规范，包括大国行为。但事实是，世界唯一超级大国美国，当自认为吃亏，又无力通过市场公平竞争方式扭转局面时，就会变得强势霸道。运行了半个多世纪之久的多边贸易体制，对美国来讲就是一种工具。有利可图时，就会用尽所有；无利可图时，就会无端破坏，把国际经济规则重新打回赤裸裸的弱肉强食丛林法则。

中国的严正立场和鲜明态度

　　这是一堂生动鲜活的国际心理课。美国对华贸易战告诉我们，虽然美国目前还不敢用武力遏制中国，但仍企图以贸易、金融等多种手段阻止中国的发展之路。中国崛起仍是一场漫长的持久战。诚如英国崛起花了近两个世纪，美国崛起用了100多年，中国不追求当世界老大，但崛起过程一样需要扎实的慢功夫。有了改革开放40年的成功，中国仍需努力，做好"打持久战"的心理构建。在离中华民族伟大复兴越来越近的时刻，中国有信心更有定力。

　　这是一堂考验心智的国际战略课。当前正处在前所未有的世界变局中。如何坚定不移地构建新型国际关系，构建人类命运共同体，营造得道多助的国际氛围？如何既为更多的发展中国家提供力所能及的支持，同时防止个别国家背后暗算？如何既要维护国内改革发展稳定大局，又使国际社会能够平稳接受中国崛起与国际结构变迁？这些问题，都在考验中国的战略成熟度与内外统筹能力。事实必将证明，中国有这个战略智慧和统筹能力。

　　新中国成立以来的近七十年，中国发展就是一部向现实学习、向世界学习，坚持走自己的道路，并不断增长本事日益成长的历史。从某种角度看，美国挑起的这场贸易战，能够使中国人深刻地认清现实的国际社会与竞争对手，划清心中的底线，坚定自己的意志。只要中国不自乱，世上无人可乱中国。放在历史的长河看，最近的难和以往比，和最难的时候比，似又不难。

　　前进的道路不可能一帆风顺，总会遇到一些风险和挑战。只要我们坚定不移深化改革、扩大开放，只要13亿多中国人民勠力同心、埋头苦干，就必定能推动中华巨轮继续劈波斩浪，驶向更加美好的明天。

　　　　　　　　（摘自《人民日报海外版》2018年7月10日，作者：王文）

警惕贸易战向非关税领域蔓延

美中之间的"贸易战"可能不会全面打响，但"贸易摩擦"将常态化，中国各界既要有短期内对美应诉获胜的信心，又要有加强科技创新能力的长远规划。

2018 年以来，中美贸易摩擦不断加剧，目前已升级为互征关税的"经贸战"，美方于 2018 年 7 月 6 日宣布对来自中国的约 340 亿美元进口产品征收 25% 关税。7 月 10 日，美国政府发布了一份针对中国 2000 亿美元商品加增关税的计划，目标产品清单涉及服装、电视零件和冰箱，加征的税率约为 10%。

根据历史状况、现行规则、实施难易、打击力度等多方面原因，美国此次对中国发起的"经贸战"很可能向非关税领域蔓延。未来，美国将加强传统的贸易救济措施使用、进一步强化出口补贴体系、更为严厉地限制中国相关企业对美投资，以及加强对中国的技术遏制。为此，中国各界既要有短期内对美应诉获胜的信心，又要有加强科技创新能力的长远规划，加强贸易救济措施预警机制、对美国的各类非关税措施进行合理反制，加强基础研究，积极推动科学向技术的转化，使中国自身具备核心竞争力，向"贸易强国""科技强国"不断迈进。

原　因

非关税壁垒（或非关税措施）是指除关税之外的所有贸易干预措施，其内涵和外延的界定都不严格，因而涉及的范围也很广泛。最常见的政策工具包括进口配额、出口补贴、自愿出口限制、国产化要求、反倾销、反补贴、保障措施、技术性贸易壁垒、政府采购限制等。美国是其中多种措施的创造者，同时更是世界上各种非关税措施最积极的使用者之一。

基于多个原因，传统的关税壁垒已经在贸易政策体系中逐渐丧失了重要地位，目前各国进行贸易保护主要依赖于非关税壁垒。第一，关税与贸易总协定（GATT）曾经主持过多轮关税减让谈判，乌拉圭回合又使各缔约方达成了新的关税减让承诺，世界贸易组织（WTO）的成立还不断推进关税减让的逐步落实，因而各国谋求通过高关税进行保护的目标越来越难以实现。第二，非关税壁垒包含的种类很多，各国可以根据特定的情况选择不同形式的政策工具，有针对性地对本国市场进行保护。第三，非关税壁垒十分隐蔽，且杀伤力很强，因而受到各国政府的青睐。第四，在 GATT时代，各种非关税壁垒的使用条件十分苛刻，而 WTO 时代，一些苛刻的条件得以放松，这为成员国使用非关税壁垒进行贸易保护提供了有利条件。

我们认为，基于历史状况、现行规则、实施难易、打击力度等多方面原因，美国此次对中国发起的"经贸战"很可能向非关税领域蔓延。

第一，从历史上看，美国是各种非关税措施的最积极使用者之一。从1995 年至 2018 年 6 月末，美国使用实施卫生和植物卫生措施协定（SPS）、技术性贸易壁垒（TBT）、反倾销、反补贴、特保的数目高居世界第一，分别占世界案件总量的 17.8%、6.4%、18.0%、60% 和 27.3%。此外，美国使用数量限制、关税配额的数量也非常可观；而且在 WTO 明令禁止生产和出口补贴的情况下，美国还存在众多的补贴行为（表 1，见下页）。由此可见，

表 1　主要经济体非关税措施使用情况（1995 年至 2018 年上半年）

经济体	SPS	TBT	AD	CVD	SG	SSG	QR	TRQ	XS
美国	2970	1523	371	117	2	173	59	52	13
加拿大	1149	669	78	27	0	0	48	21	11
墨西哥	326	565	78	3	0	0	57	11	5
巴西	1316	881	174	3	0	0	0	1	16
欧盟	644	1140	128	18	0	27	18	87	20
印度	200	117	333	2	4	0	59	3	0
日本	545	804	9	0	0	57	85	18	0
韩国	586	839	38	0	0	39	92	67	0
中国	1201	1230	113	6	1	0	42	10	0
澳大利亚	442	205	81	11	0	0	178	2	6
世界	16729	23684	2059	195	58	633	1635	1274	429

注：表中各项措施英文缩写的含义如下。SPS：卫生和植物检疫措施；TBT：技术性贸易壁垒；AD：反倾销；CVD：反补贴；SG：保障措施；SSG：特保条款；QR：数量限制；TRQ：关税配额；XS：出口补贴。

资料来源：WTO 官方网站。

美国使用非关税措施的数量多、频率高，在非关税运用方面已经积累起丰富的经验，未来在"经贸战"中极有可能从关税领域扩展到非关税领域。

第二，从现行的世界贸易规则和秩序来看，WTO 成员方整体上朝着关税减让的方向发展，世界范围内关税水平不断降低。此次美国悍然对中国众多产品增税，已经在国际舞台上扮演了规则破坏者的角色，在国际舆论中已处于下风。未来美国政府可能会调整方案，不再扩展增税范围，甚至豁免更多产品的关税，转而采用较为隐蔽且杀伤力更强的非关税措施。

第三，正是由于现行世界贸易规则的约束，美国以关税为主要措施发起"经贸战"的难度很大。此次美国以"301 调查"为理由，为施行关税保护披上合法外衣。但"301 调查"是美国国内法中的内容，具有典型的单边主义特征，在国际社会上饱受诟病，其合规性受到严重质疑。而反倾销、反补贴、TBT、SPS 等政策措施均为 WTO 规则所允许的贸易限制措施，实施起来更具名义上的合规性。

第四，关税对出口国的打击力度往往有限，而非关税措施的杀伤力更强。对于具有正常需求和供给弹性的商品来说，关税会由进口商、出口商和美国国内消费者共同承担，25% 的关税税率转嫁到出口商头上可能仅有8% 左右；而美国政府为第二批产品设定的税率为 10%，如此低的税率所产生的保护作用将更为有限。相反，非关税措施可以针对某一特定产品"精准打击"，干预贸易的方式也更为多样，在此次"经贸战"中将会被政府"委以重用"。

形 式

即便在"301 调查"框架下，美国政府也可能采取关税以外的措施来打击中国。"301 调查"源于 1974 年修订的美国贸易法第 301 条，它授予美国总统采取一切适当的行动来消除外国贸易壁垒的权力。根据该条款，美国政府可针对外国政府的"不正当的、不合理的、歧视性的、给美国商品造成负担或限制的"的任何活动，其报复性内容可以非常广泛。根据美国的历史实践和此次"经贸战"的发展过程，我们预期未来美国可能对中国采取如下非关税措施。

第一，加强传统的贸易救济措施使用，包括反倾销、反补贴、保障措施、TBT、SPS 等。从 1995 年至 2017 年，美国对华发起反倾销案件 150 起，平均每年 6.5 起，对华反倾销数量占美国发起全部案件的 22.8%。同期，美国发起对华反补贴案件 68 起，平均每年 3 起，全部反补贴案件中有 31.1% 针对中国。可见，反倾销已成为美国限制中国产品进入的重要措施，未来在"经贸战"中将作为成熟的利器来进一步打击中国产品。与此同时，反补贴的使用量相对较少，而该措施也是 WTO 规则下的合规措施，且"补贴"的定义十分模糊，裁定机构容易在裁定过程中确认补贴存在、从而保护本国产业，因此反补贴措施未来可能会成为美对华"经贸战"的重要武器。

第二，进一步强化出口补贴体系。此次美国的"301调查"报告特别强调了中国政府对相关重要行业的补贴行为，认定中方的补贴不合理，构成了不公平贸易行为。实际上，美国政府为扶植国内相关产业，经常使用WTO规则明令禁止的各种补贴。根据WTO贸易政策审议机构发布的最新报告，美国近期仍然对棉花、糖类等农产品进行各种形式的补贴，以增强这些产品的竞争力。可见，为维护自身利益，美国除使用WTO框架下合规措施外，还敢于使用补贴等不合规措施。当中国针对美国的关税措施进行回击时，会提高美国相关产品的关税税率，美国政府将会采用出口补贴的方式抵补相关产品的出口成本。

第三，更为严厉地限制中国企业对美投资。此次美国的"301调查"报告明确指出中国通过海外并购窃取技术是不公平贸易行为，并声称限制中国企业在美投资活动。2018年6月下旬，美国媒体透露美国政府将于6月30日开始禁止任何由中资持股超过25%的公司对白宫定义的"重要产业科技"领域进行投资。然而，截至2018年7月中旬，这一措施并未落地，美国政府可能将推迟对中国在美投资的限制。未来，随着双方贸易摩擦加剧，为在"经贸战"中占据上风，美国政府极有可能更为严厉地限制中国企业对美投资，一方面设置高技术企业的股比限制，另一方面在操作流程上设置各种限制，将欲赴美投资的中国企业拒之门外。

第四，加强对中国的技术遏制。"中兴事件"为中国各界敲响了警钟，关键性的高科技零部件仍然掌握在美国手中，科技创新能力弱直接导致了中国在高科技领域受制于人。美国认识到自身的科技优势，当"经贸战"进一步升级时，不排除美国将加强对中国的技术遏制，对高新技术产品出口设置更多的限制。目前美国"商业管制清单"中包含了11类商品，其中不仅包含军用产品和军民"两用"产品，还包括部分纯民用产品（表2，见下页）。

表2　美国"商业管制清单"所包含的内容

编　号	0	1	2	3
商品名称	原子能及其他未分类	材料、化学制品、微生物及毒素	材料加工	电子产品
编　号	4	5-1	5-2	6
商品名称	计算机	电信	信息安全	传感器和激光
编　号	7	8	9	
商品名称	导航及航电设备	航海设备	航空航天推进系统	

资料来源：美国商务部。

受到出口管制的产品并非完全不能出口，而是向受限国家出口时需要获得美国商务部颁发的许可证，或者获得许可豁免。随着"经贸战"的发展，美国将加强高技术产品对华出口的管制，把中国列入限制更严的国家组中，并且商务部在发放许可证的过程中将会更为严格，从行政许可环节加强对中国的技术遏制。

应　对

本文提出的应对方案，是针对美国未来可能发起的非关税措施而进行的抗击与反制。美中之间的"贸易战"可能不会全面打响，但"贸易摩擦"将常态化，中国各界既要有短期内对美应诉获胜的信心，又要有加强科技创新能力的长远规划。

第一，加强预警、防患未然。当前，美国对华发起的非关税壁垒还在可控的范围之内，但未来可能会井喷式上升，给中国对美出口造成很大打击，甚至威胁中国的产业安全。为此，需要政府管理部门协同行业协会和出口企业，结合相关理论与企业出口实践，建立起科学严谨的指标体系，对各类非关税壁垒加强预警。与此同时，企业应增强反倾销等措施的应对能力，在 WTO 多边框架下解决贸易争端、化解非关税壁垒带来的威胁与挑战。

第二，从容应对、合理反击。一旦美国对华非关税壁垒大幅增加，中国各界应正视其危害性，提早准备，设定反制方案。在非关税措施的制定过程中，不必秉承"对等"的观念，也不必对可能存在的"票仓"问题过度解读，而是从"时间—州—产品"的基本面上探寻中方对美设置非关税壁垒的指导思想与原则，并制定切实可行的行动方案。

第三，重视研发、科技强国。此次美国对华发起的"经贸战"可能会引发"技术战"，美国高科技产品对华出口管制将愈发严厉。当前，还有很多高技术产品的关键零部件在中国无法生产，这种核心技术受制于人的情况并未能真正得以改观。中国应该以应对"经贸战"和"技术战"为契机，加强基础科学的研究，积极推动科学向技术的转化，使中国自身具备核心竞争力，向"贸易强国""科技强国"不断迈进。

（摘编自海外网 – 中国论坛网 2018 年 7 月 20 日，作者：王孝松）

商务部：如何缓解企业受到的影响？

商务部新闻发言人应询 2018 年 7 月 9 日介绍缓解中美贸易摩擦影响有关政策考虑。

有记者问：中方如何缓解企业在中美贸易摩擦中受到的影响？

答：对于美方 7 月 6 日加征关税措施，中方不得不做出必要反击。中方在研究对美征税反制产品清单过程中，已充分考虑了进口产品的替代性，以及对于贸易投资的整体影响。同时，我们将研究采取以下措施：

（1）持续评估各类企业所受影响。

（2）反制措施中增加的税收收入，将主要用于缓解企业及员工受到的影响。

（3）鼓励企业调整进口结构，增加其他国家和地区的大豆、豆粕等农产品以及水产品、汽车的进口。

（4）加快落实国务院 6 月 15 日发布的有关积极有效利用外资、推动经济高质量发展若干意见，强化企业合法权益保护，营造更好投资环境。

我们的政策组合还在不断完善之中，也欢迎社会各界给我们提供意见建议。如有个别影响较为严重的企业，建议向当地有关政府部门反映。

（摘编自《人民日报海外版》2018 年 7 月 10 日，原题目为《中方如何缓解企业在中美贸易摩擦中受到的影响？》）

让白皮书告诉世界

2018 年 9 月 24 日，中秋节。

这一天 0 时 1 分，美国政府对约 2000 亿美元中国商品加征 10％ 的关税措施正式生效。同时，中国政府对原产于美国约 600 亿美元进口商品实施加征 5%—10% 不等关税的措施正式生效。

也是这一天下午 13 时，中国国务院新闻办公室发布《关于中美经贸摩擦的事实与中方立场》白皮书，旨在"澄清中美经贸关系事实，阐明中国对中美经贸摩擦的政策立场，推动问题合理解决"。

大家知道，白皮书是国际上公认的正式官方文书，以白色封面装帧。这份 3.6 万字的最新官方文件，也是美国挑起贸易战以来，中方发布的数据最翔实、与贸易战关联度最高的一份。

那么，这本几万字白皮书究竟说了什么呢？

一

自 1991 年发布第一部白皮书以来，到 2017 年，中国已发表了九十多部白皮书。中美贸易摩擦开始以来，中方曾于 2018 年 6 月发布《中国与世界贸易组织》白皮书，强调中国将始终履行加入世贸承诺，也重申中国参与多边贸易体制建设的原则立场和政策主张。

今天的白皮书，第一大看点是，这是中国官方首次针对中美贸易摩擦问题作出专门发布。

白皮书除前言外有六个部分，列举了大量中美经贸关系的事实，直接批驳美国政府的"贸易保护主义"和"贸易霸凌主义"，并阐述了这种做法对世界经济发展的危害，当然，也表明了中国的立场。

换言之，面对美国"史上规模最大"的加征关税行为，中国以正式官方文件的形式，用数据和事例，对美国的"开战理由"作出回应。

比如，白皮书开篇就给中美经贸关系定性。首先，"中国是世界上最大的发展中国家，美国是世界上最大的发达国家"，位置要摆正；再者，历史要理清：近四十年来，中美经贸往来克服重重障碍，形成了"结构高度互补、利益深度交融的互利共赢关系"，也成为中美两国关系的"压舱石和推进器"。

但是，自2017年以来，尤其是在"美国优先"的原则指导下，美国抛弃相互尊重、平等协商等国际交往基本准则，采取单边主义、保护主义、经济霸权主义，导致中美经贸摩擦短时间内持续升级，使中美经贸关系受到极大损害，也使多边贸易体制和自由贸易原则遭遇严重威胁。

从中美双方的国家定位，到中美双方的经贸历史回顾，再审视2017年以来的态势。"辛辛苦苦三十年，一夜回到解放前"的现状，责任在谁，其实是很清楚的。

这个道理国内的人都知道，但是白皮书，就是要把这个道理再明白无误地传递给世界，廓清舆论、以正视听。包括9月25日上午将为此专题召开的发布会，会有很多外媒记者到场。

二

白皮书第二大看点在于，既然篇幅这么大，那么我们不妨多用一点事实和数据，在全世界面前辩清楚，看看美国给中国扣的帽子到底有没有道理。

大家知道，美国挑起贸易战的理由，无外乎纳瓦罗在其被经济学界很不认同的《致命中国》中写的那些理由，比如"对华贸易，美国吃亏了""中国在进行强制技术转让"等，最终，美国以"公平贸易"的需求为由，宣布对中国商品加征关税。

那么，美国"吃亏"否？白皮书数据显示，美国对华出口增速明显快于其对全球出口。2017年，美国对华出口总额1298.9亿美元，比2001年中国刚加入世贸组织时的191.8亿美元增长了577%，远远高于美国对全球出口的增长率。

中国抢走了美国人的饭碗否？白皮书披露了这样一组数据：

据美中贸易全国委员会估算，2015年美国对华出口和中美双向投资支持了美国国内260万个就业岗位。其中，中国对美投资遍布美国46个州，为美国国内创造就业岗位超过14万个，而且大部分为制造业岗位。

此外，中国制造产品还有助于降低美国的物价水平，为美国家庭节省了更多钱。报告指出，美中贸易全国委员会研究显示，2015年，中美贸易平均每年为每个美国家庭节省850美元成本，相当于美国家庭收入的1.5%。

说实话，所有的经济学原理都会承认这样的基础事实：贸易对双方有好处，尤其是物美价廉的中国制造，不仅给包括美国人在内的全世界消费者带来了实实在在的好处，而且帮助降低了其通货膨胀率。

"中国强制技术转让"成立否？白皮书数据显示，自2000年以来，中国对科研经费的投入以每年20%的速度增长；2017年，中国科研经费达到1.76万亿人民币，在世界排名第二；美国关税政策出台前的几次听证会，出席的美方企业也都一再说过了，"我们在华没有遭受过强制技术转让"。

再看专利。世界知识产权组织的报告显示，2016年中国的全球专利、商标和工业品外观设计申请量再创新高。其中，由中国受理的专利申请量超过美国、日本、韩国和欧洲专利局的总和，名列世界第一，中国专利申请增量占全球总增量的 98%。

换言之，在所谓的"强制技术转让"说辞下，掩盖的是美国其实是受益者的事实。美国智库彼得森国际经济研究所的报告指出，中国使用外国技术的许可费和使用费一直飙升，2017 年达到近 286 亿美元，比过去 10 年增加了近 4 倍。据中国有关方面统计，美国是中国第一大版权引进来源国，中国对美国支付的知识产权使用费从 2011 年的 34.6 亿美元增加至 2017 年的 72 亿美元，6 年时间翻了一番。其中，2017 年中国对美支付占中国对外支付知识产权使用费总额的 1/4。

三

白皮书的第三大看点在于，不仅有对于美方挑起贸易战理由的事实性驳斥，还引申得更远：详细列出了美国歧视他国产品、滥用"国家安全审查"、提供大量补贴扭曲市场竞争、使用大量非关税壁垒、滥用贸易救济措施等问题。

说实话，外国商品要进入美国确实不容易。根据联合国贸发组织 2018 年 6 月 29 日的一份报告显示，一棵树要进口到美国，需要满足 54 项卫生和植物检疫措施的要求。而在这些歧视、审查、壁垒等问题上，中国的"中签率"总是高得惊人。比如，2013—2015 年，美国外国投资委员会共审查了 39 个经济体的 387 起交易，其中中国 74 起，占 19%，连续 3 年位居"被审查国"之首。

再如，根据 2018 年 7 月 17 日的数据，美国现在还在生效的 44 项"双反"（反倾销、反补贴）措施中，58% 是 2008 年金融危机之后采取的，其中主要针对的经济体，就是中国、欧盟与日本。

更需引起世界警惕的，是美国的所作所为对多边贸易机制和世界经济体系的影响。正如白皮书指出的那样，美国始终不忘"将国内问题国际化、经贸问题政治化"的老方法。比如，美国把国内政策和制度缺陷导致的失业归咎于国际贸易，将国内矛盾转嫁他方。中国因为是美国贸易逆差的最大来源国，也就成为了主要受害者。

但事实却与"美国表述"相悖——联合国数据显示，自 2001—2017 年，中美贸易额增长了 4.41 倍，而在此过程中，美国的失业率从 5.7% 下降到 4.1%。

其实，美国的贸易保护主义倾向和措施，不是今天才有的，这些年一直都有。只不过，过去的几十年间，双方的决策者看重经贸这一最稳定、关切最大的双边联系，一直本着务实的态度解决问题、求同存异。

2015 年，美国前财长保尔森在出版的书中表达了自己的忧虑——

"美国经济停滞不前，贫富差异扩大，加之美国公司对中国市场'不公平竞争'的担忧，煽动起保护主义的火焰。有太多美国人民开始接受一个错误而危险的观点：美国并没有从国际贸易中获益，包括与中国的双边贸易。这种观点在多个层面上都令人担忧，其中最为突出的就是贸易和投资，这是我们两国最紧密的经济联系，却正在遭受质疑和攻击。"

的确，像现在的美国政府这样，直接对"压舱石"和"稳定器"动手，对双边关系的伤害度可想而知。

四

白皮书的第四大看点是中国要做好自己的事情的信心和决心。"八个坚定"的立场是一贯的、鲜明的、坚决的：

中国坚定维护国家尊严和核心利益、中国坚定推进中美经贸关系健康发展、中国坚定维护并推动改革完善多边贸易体制、中国坚定保护产权和知识产权、中国坚定保护外商在华合法权益、中国坚定深化改革扩大开放、中国坚定促进与其他发达国家和广大发展中国家的互利共赢合作、中国坚定推动构建人类命运共同体。

"维护国家尊严和核心利益"的意思是，你要打，我奉陪。中国可以谈判，但不能接受这种单边主义、霸凌式"拿枪顶着脑袋逼迫谈"的无理。同样，我们的应战，是为了"推进中美经贸关系健康发展"。这个健康发展，就是说有分歧没关系，我们要在谈判的框架、WTO、双边的框架里谈。这也是对多边贸易体制的维护——毕竟这一体制是当今全球化市场的体制基础。

后面几个"坚定"，更是给世界市场喊话：中国要做好自己的事，即便我们现在被动应战，也依然会保护在华外商的权益，保护产权和知识产权，深化改革与开放；同时我们还会跟任何希望同中国发展平等合作贸易的国家继续往来，而不是关起门来。世界的趋势不会以个人意志为转移，更多的人、更多的国家还是希望通过贸易互利互惠的，这一点我们有信心。

其实，中国的立场从来明确、一贯且坚定，只不过，在美方恐吓式的大棒、到处宣扬的舆论战下，我们也很有必要跟世界说个清楚，给市场的各个参与方讲明利害、吃定心丸。

应该说，太平洋足够大，容得下中美两国。中美两国经贸关系平稳发展，对两国人民都好，也对世界有利。处理中美经贸摩擦，最终推动问题得到合理解决，就要从增进互信、促进合作、管控分歧这个大目标入手。合作是中美两国唯一正确的选择，共赢才能通向更好的未来。

（摘编自《人民日报海外版》2018 年 9 月 25 日，作者：星垂平野）

CHINA-US
TRADE FRICTION

第五编

中国的底气与战略
定力从何而来

中美贸易战，中国面对的贸易竞争对手是全球第一强国——美国。中国有这个实力吗？本编从"集中力量办大事、组织动员能力强大"的制度优势讲述中国迎击贸易战的关键底气。

　　中美贸易战对中国经济走势有哪些影响？中国经济发展的主要目标能否如期实现？本编通过一系列年中的经济观察，看新时代中国"中考"的成绩单——新动能充足、供给侧改革、粮食好收成、消费引擎强劲、区域协调发展、营商环境改善等。特别是 2018 年 7 月 31 日中共中央政治局会议在分析研究当前经济形势、部署下半年经济工作时，向世界传达了铿锵有力的声音：当前经济形势"总体平稳、稳中向好"。可见，中国依然是世界上发展最好、潜力最大、韧性最足的国家之一。

　　强大的组织力，难得的历史机遇，积极向好的基本面，正是我们自信的底气和定力所在。

制度优势：迎击贸易战的关键底气

2018 年 7 月 6 日，美国挑起了对华贸易战，中国被迫应战且底气足。中国被迫应战，是维护国家和人民持续发展权利、维护全球多边贸易机制的必然选择。

中国底气足，除了站在道义高地上，有改革开放 40 年积累的坚实国力等显见因素外，一个关键因素是——中国拥有集中力量办大事、组织动员能力强大的制度优势。正如习近平总书记所说："我们最大的优势是我国社会主义制度能够集中力量办大事。"

正是因为这种制度优势，重大决策一旦形成，中国就能够迅速动员起各方面资源，全力以赴完成，而不至于议而不决、决而不行。看看美国每次竞选政党轮替之后国家政策路线的变化，再对比中国对"解放和发展社会生产力"的长期坚持，不能不给人以深刻印象。

正是凭借这一制度优势，中国只用了世界经济史上相当短的时间就成功实现了从积贫积弱到"站起来""富起来"再到"强起来"的历史性变革。也正是依托这一制度优势，中国能够有效动员一切力量，不仅仅应对眼下的贸易战，还预先为可能的国际宏观经济变局做好准备。

动员力是一项强大能力。在某些人笔下，西方一些国家的党争不休、言胜于行、朝令夕改、议而不决、决而不行被描绘成一种优点，而中国的强大动员能力则被描绘成一种"不合时宜"。其实，只要审视人类文明诞生发展的历程，审视西方世界崛起的历史，就不难得出相反结论：动员能力是文明与人类社会诞生的基础，是一个国家、一个民族生存发展的前提，是决定一个社会在战争和灾害考验中能否生存的关键因素，是决定一个国家、一个民族能否发展的关键因素。

在这场贸易战中，美国选择此时发难，很大程度上是因为自认为经济周期变动时段于己有利。但美国应该看到中国的动员能力和坚定信心。正如7月2日新一届国务院金融稳定发展委员会第一次会议的公告所说："（我们）完全具备打赢重大风险攻坚战和应对外部风险的诸多有利条件，对此充满信心，下一步各项工作都将按既定方案有序推进。"

中国还善于调适。中国不认为自己体制的每一个细节都完美无缺，也不认为自己的政策尽善尽美，但强大的组织动员能力让中国不断锤炼改进自身，在保持大的路线框架稳定前提下，不断因应环境变化调整具体政策。正因为如此，我们相信，打好这场史诗级贸易战，能够对中国经济社会发挥"压力测试"作用，帮助中国发现现行具体政策措施中不符合客观规律之处，进而果断进行改革。这场贸易战发展至今，给中国带来的最大利益就是有效地激励了中国社会上下发奋图强、加强关键核心技术创新的决心，而且付诸行动。

中国决策有高效性，执政党有担当精神。民主集中制既能吸收各方各地智慧，也能高效决策。而西方国家的议会更容易陷入"人人负责又无人负责"的境地，对成功的决策竞相争功，却无人为失败承担责任，这样的内在机制进一步恶化了效率。在这个竞争的世界上，任何国家、民族的发展乃至生存归根结底都取决于其效率，任何政治体制最终都必须接受效率原则的考验。《孙子兵法》有云：上兵伐谋，其次伐交，其次伐兵，其下攻城。很大程度上正是美式体制的掣肘，使得美方决策者使出了几乎同时向全世界贸易宣战的招数，而中国在贸易战爆发之后迅速启动了"伐交"布局。

中国的底气与战略定力从何而来

中国的眼光不局限于眼前。凭借制度优势，中国不仅努力有效应对当前贸易战考验，还将眼光投向多年之后。中国由共产党执政，有中共中央的坚强领导，执政党富有远见，且意志统一坚定不移。相比而言，美国两党轮流执政，其政府只想着任期内，甚至把视线停留在中期选举上。当美国经济不可避免地结束当前的景气、步入萧条之时，届时的反危机如何布局，美国你考虑了吗？

（摘编自《人民日报海外版》2018 年 7 月 16 日，作者：梅新育）

应对贸易战，中国有底气

2018 年 7 月 6 日，美国开始对 340 亿美元中国产品加征 25% 的关税。对此，中国外交部发言人陆慷 7 月 6 日表示，在美方对中方片面、不公正加征关税措施生效后，中方对美方部分产品加征关税措施也立即生效。相关人士指出，中方承诺不打第一枪，但为了捍卫国家核心利益和人民群众利益，不得不作出必要反击。而从中国经济自身的优势和稳中向好的态势以及可以采取的数量型和质量型相结合的综合措施来看，中国完全有底气应对美国违反世贸规则发起的贸易战。

理所当然作出必要反击

"美国违反世贸规则，发动了迄今为止经济史上规模最大的贸易战。"商务部新闻发言人 7 月 6 日表示，这种征税行为是典型的贸易霸凌主义，正在严重危害全球产业链和价值链安全，阻碍全球经济复苏步伐，引发全球市场动荡，还将波及全球更多无辜的跨国公司、一般企业和普通消费者，不但无助，还将有损于美国企业和人民利益。

根据分析，美方公布的所谓 340 亿美元的征税产品清单中，有 200 多亿美元，大概占比约 59% 是在华的外资企业生产的产品。其中，美国企业占相当比例。可以看出，美方启动征税，实际上是对中国和各国企业、包括美资企业的征税。

陆慷强调，就中方而言，我们并不希望贸易分歧扩大为贸易争端或贸易冲突，更不希望看到贸易战，因为贸易战不会给任何国家、任何企业和任何个人带来好处。从一开始，中方就作出了最大努力，希望有关方面能够客观认识全球化进程，包括在全球化进程中出现的一些情况，能够理性处理好有关贸易关系中存在的分歧，但这需要有关方面相向而行。

"任何试图单方面施压都是徒劳的，任何人对此不要抱有幻想。在中国自身正当利益受到不公平对待的情况下，中方理所当然作出必要反击。"陆慷说。

中国经济有较强承受力

应对中美贸易摩擦，中国有底气、有能力。

"中国经济有较强的承受力。"中国银行保险监督管理委员会主席郭树清表示，社会主义市场经济在应对各种困难和风险方面具有明显的制度优势。经过近些年的调整，中国经济增长已从过度依赖投资、出口，转向消费为主较为均衡的拉动作用。产业体系完备，内需潜力巨大，13多亿人口的消费市场继续保持快速成长，商品市场和就业市场弹性都比较强，涉外经济部门的灵活调整能力更为突出。"从整体上看，中国贸易顺差绝大部分由民营企业和合资企业实现，这类企业最具活力、最富韧性。来自外部的任何压力，最终都会转化为发展的动力，客观上会加快供给侧结构性改革。"郭树清说。

"中国经济发展韧性强、潜力大、后劲足。"国家统计局局长宁吉喆指出。2018年以来，国民经济运行稳中有进、稳中向好。一季度GDP增长6.8%，连续11个季度保持在6.5%至6.9%的区间，二季度GDP有望继续保持中高速增长；5月份，全国城镇调查失业率4.8%，比上月下降0.1个百分点；1—5 月份，全国规模以上工业企业利润按可比口径同比增长 16.5%，增速比一季度加快 4.9 个百分点；1—5 月份，全国货物进出口总额 116320 亿元，同比增长 8.8%。他表示，中国经济将继续运行在合理区间，保持稳中向好发展态势。

"从中国经济自身的优势和稳中向好的态势以及可以采取的数量型和质量型相结合的综合措施来看，中国完全有底气应对美国发起的贸易战。至于目前的 340 亿美元规模的贸易战，其对中国的影响是有限的：一是涉及的中国产品出口是多元化的，可替代的出口市场很多；二是进口方面，涉及的高档汽车对普通消费者影响不大，农产品虽有一定影响，但也是可替代的；三是经过几个月的讨论，大部分与之相关的企业都已做好了预案，影响基本被消化，且商务部表示将努力采取有效措施帮助企业，这将进一步减轻影响。"商务部研究院区域经济合作研究中心主任张建平说。

中国扩大开放决心不变

面对贸易战，中国自主扩大开放的决心不会变。

商务部表示，中方再度重申，我们将坚定不移深化改革、扩大开放，保护企业家精神，强化产权保护，为世界各国在华企业创造良好营商环境。近期，中国接连发布了 2018 年版外商投资准入特别管理措施（负面清单）和 2018 年版自由贸易试验区外商投资准入特别管理措施（负面清单），大幅放宽市场准入，以更大力度推进对外开放。

"中国既不会在威胁和讹诈面前低头，也不会动摇捍卫全球自由贸易和多边体制的决心。"商务部发言人表示，中国将与世界各国一道，坚决反对落后、过时、低效的保护主义、单边主义的倒行逆施，致力维护稳定和可预期的全球经贸环境。

"得道多助，失道寡助"。7 月 5 日，金砖国家第八次经贸部长会议在南非约翰内斯堡举行。会议发表了有关支持多边贸易体制、反对单边主义和保护主义的单独声明，呼吁世贸组织成员恪守世贸组织规则，信守多边贸易体制承诺，共同加强世贸组织，全力应对当前多边贸易体制面临的严峻挑战。

"特朗普政府如今在世界范围内'全面开战'，其意图就是要破坏全球市场、毁掉 WTO 体系，这对包括中国在内的发展中国家及众多发达国家都是巨大的威胁，会让世界经济陷入困境。美国政府这种全面倒退的做法是不得人心的，现在不少国家对美国的反制和报复、对多边贸易体制的支持就充分反映了国际社会的普遍心声。"张建平说。

（摘编自《人民日报海外版》2018 年 7 月 7 日，作者：邱海峰）

期中"成绩单"凸显经济韧性

2018 年中国经济半年报出炉。国家统计局新闻发言人毛盛勇在 7 月 16 日国新办举行的上半年国民经济运行情况发布会上介绍，上半年 GDP 增速 6.8%，经济运行稳中向好的态势持续发展，经济迈向高质量发展的态势良好。分析人士指出，在当前外部环境不确定性增多以及国内结构调整、转型升级扎实推进的大背景下，中国经济交出了一份亮眼的期中"成绩单"，这充分说明了中国经济在应对冲击与挑战的过程中具有较强的韧性，也为下一阶段中国经济面对复杂严峻的国内外环境增添了底气与信心。

增速稳、就业稳、物价稳

"上半年中国经济延续了总体平稳、稳中向好的发展态势。"毛盛勇介绍。

如何理解"稳"？

毛盛勇指出，从增长速度来看，上半年 GDP 增长速度是 6.8%，连续十二个季度稳定运行在 6.7% 至 6.9% 的中高速区间；从就业来看，全国城镇调查失业率连续三个月都低于 5%；从价格来看，居民消费价格 CPI 上半年上涨 2%，呈现温和上涨的态势。

如何理解"好"？

结构更合理——据介绍，上半年，第三产业增加值占 GDP 的比重达到 54.3%，比上年同期提高了 0.3 个百分点；服务业对经济增长的贡献是60.5%，比上年同期提高了 1.4 个百分点。从需求看，上半年消费对经济增长的贡献率达到 78.5%，比上年同期提高了 14.2 个百分点。

创新更强劲——"今年以来'放管服'改革持续深入推进，创业创新不断发展，'双创'升级版不断打造。"毛盛勇表示，上半年，日均新登记市场主体 1.81 万户，代表技术进步、转型升级和技术含量比较高的相关产业和产品增长较快，服务消费加快增长。

质量更优——上半年，清洁能源消费在整个能源消费中的比重，比上年同期提高了 1.5 个百分点；单位国内生产总值能耗同比下降 3.2%。全国城乡居民人均可支配收入实际增长 6.6%，和一季度持平；一般公共预算收入超过 10 万亿元，增长 10.6%。

贸易战对我们有何影响

国务院发展研究中心宏观经济研究部研究员张立群分析，上半年中国经济良好成绩的取得，充分说明了中国经济在应对冲击与挑战的过程中具有较强的韧性。随着中国大力推动高质量发展、加大改革开放力度、创新和完善宏观调控，发展的韧性会进一步增强，这为中国经济面对复杂严峻的国内外环境增添了底气与信心。

7 月 16 日，在被媒体问及中美贸易摩擦对经济和物价产生的影响时，毛盛勇说："今年上半年我国经济运行的主要指标总体比较平稳，如果说中美贸易摩擦有没有影响的话，我觉得即使有，也是比较有限。下半年，中美贸易摩擦的影响会怎么样，我们还需要进一步观察。但是总的来说，由美国单方面挑起来的中美贸易摩擦对中美两国经济都会产生影响，而且由于现在世界经济总体来讲是深度融合，产业链都是全球化的布局，很多相关的国家也会受到影响。所以，也会影响全球经济的复苏和世界贸易的持续增长。"

至于中美贸易摩擦对价格的影响，毛盛勇表示，从目前的情况来看，价格运行还是比较平稳的。主要是进口大豆的价格可能会有一定的上升，会带来豆制品及相关产品价格的一些变化。总的来看，第一，大豆及豆类相关品在 CPI 的权重比较小。第二，豆类的下游产品，主要是豆粕饲料可能会推高一点像猪肉或者鸡蛋类的价格，还有豆类会影响食用油。但从 2018 年上半年来看，我国猪肉和食用油的价格都还处于比较低的水平，猪肉价格同比下降 12.5%，食用油的价格下降 1%，即使价格有一点上升，对整个 CPI 的影响也非常有限。而且从下半年趋势来看，居民消费价格有望延续温和上涨的态势。

稳中向好态势不会改变

"总的来看，上半年，中国经济稳中向好的基本面得到巩固，短期下行压力没有对中国经济造成明显困扰。下半年，外部环境仍有很多变数，内部经济发展也还有不平衡性、不稳定性。但考虑到中国经济平稳增长的扎实基础、一系列调控措施的持续发力、供给侧结构性改革的深入推进以及中长期的高成长性，中国经济稳中向好的发展态势还会得以延续，全年应该会交出一份更靓丽的答卷。"张立群说。

毛盛勇表示，从 2018 年上半年主要的数据来看，经济增长的格局中，内需是决定力量，内需里面消费又是顶梁柱。从下半年来看，由于消费本身有刚性增长的基础和条件、居民收入保持较快增长、消费结构升级步伐加快、加大进口促进了市场销售的活跃和供给，消费还是有条件延续平稳较快的增长态势。

从投资来看，统计局介绍，一是制造业投资连续三个月增长速度加快，这个势头下半年有望延续；二是房地产投资上半年增长 9.7%，先行指标显示下半年房地产投资仍有望保持较快增长；三是基础设施投资，上半年有所回落，下半年随着项目清理完成，合规项目加快落地，基础设施投资下半年也有望保持基本稳定。所以投资下半年应该是基本稳定的趋势。

"说内需是决定性因素，不是说外需不重要，外需仍然是很重要的变量。今年上半年对外贸易总体延续比较好的发展态势。下半年对外贸易确实面临一些挑战，但也有很多有利因素，总体还是有望保持平稳较快增长。"毛盛勇说，综合几个因素来看，下半年经济稳中向好的态势不会变。

（摘编自《人民日报海外版》2018 年 7 月 17 日，作者：邱海峰）

经济新动能重塑增长格局

第三产业增加值增速比第二产业快 1.5 个百分点；工业战略性新兴产业增加值同比增长 8.7%；消费对经济增长的贡献率达到 78.5%……上半年中国经济成绩单"新"意更浓，经济发展的新动能正加速崛起、经济迈向高质量发展的态势日益凸显。专家指出，新动能正在重塑中国经济的增长格局，不仅深刻改变着人们的生产生活方式，而且成为高质量发展的强大引擎。

新意浓，经济发展内生动力增强

新意浓，体现在何处？

新主体更加活跃。国家发改委新闻发言人严鹏程介绍，上半年日均新登记市场主体 1.81 万户，过去 5 年我国市场主体数量增加近 80%，目前已超过 1 亿户。"随着重点领域改革向纵深推进，营商环境不断优化，有效激发了市场主体活力，释放了发展动力，改善了市场预期。"严鹏程说。

新产业迅速崛起。代表技术进步、转型升级和技术含量比较高的相关产业和产品增长比较快，其中高技术产业、装备制造业增加值分别增长了 11.6% 和 9.2%，均快于整体工业。战略性新兴产业的增加值增长速度明显快于全部规模以上工业增加值的增速。

创新步伐加快。2018 年 1—5 月，156 个国家高新区共实现营业收入 12.35 万亿元，同比增长 8.13%；净利润 7265 亿元，同比增长 8.78%；出口 13719 亿元，占全国货物和服务出口总额的两成，技术贸易和服务贸易的比重和水平显著提高；注册企业 13.6 万家，同比增长 25.3%，硬科技和前沿科技企业大量涌现。

国家信息中心经济预测部副主任王远鸿表示，中国经济"半年报"显示，当前经济增长的新动能正在不断激发，经济结构正在不断优化。"新业态、新模式、新技术、新产品，带来了更多增长机会，也为传统产业改造升级打开全新空间。在供给侧结构性改革的持续作用下，中国经济的内生动力越来越强，经济增长的韧性也越来越高。"王远鸿说。

引擎新，经济转向高质量发展

经济发展的新动能为何如此引人关注？

上海交通大学安泰经济与管理学院教授陈宪表示，新动能由新的生产要素和新的增长来源组成，是经济增长的"因"。只有加快培育新动能、继而实现对旧动能的替代，才能推动战略性新兴产业在经济增长中作出更大贡献，并在现代化经济体系中居于主导地位，实现转型升级。"上半年经济数据带来的好消息是：快速崛起的新动能，正深刻改变生产生活方式，成为中国迈向高质量发展的新标志。"陈宪说。

专家指出，这在消费和投资两方面都有体现。

从消费看，消费提质扩容积极推进，消费升级类商品销售较快增长，农村消费增速继续快于城市，网上零售保持 30.1% 的快速增长态势，幸福产业领域服务消费提质扩容，旅游、文化娱乐等服务消费需求持续旺盛。世界最大规模的中等收入群体，蕴含着巨大的消费升级需求。

从投资看，民间投资、技改投资的增速持续高于整体投资水平，生态保护和环境治理、农业等补短板领域的投资保持较快增长，上半年的增速分别达到 35.4% 和 15.4%。企业质量效益不断改善，前 5 个月规模以上工业企业利润增长 16.5%。

"推动经济高质量发展，必须坚持'质量第一、效益优先'。这就需要解决好靠什么实现增长、实现怎样的增长等问题。可以说，经济增长新动能恰恰是由高速发展向高质量发展转换的重要载体和实现方式。"王远鸿说，当前，无论从微观看还是从宏观看，中国经济的新动能都日益强大，对"创新、协调、绿色、开放、共享"发展理念的体现也越来越多，这些都有助于中国实现更高质量的发展。

信心足，经济持续健康发展有支撑

严鹏程表示："我们有信心、有底气、有条件，也有足够的能力，以中国经济的巨大韧性和持续健康发展的确定性，有效应对世界经济的不确定性，确保实现年初确定的目标任务。"

他分析，信心和底气主要来自于三方面。其一，经济增长的动力结构在变化。经过近几年持续推进转变发展理念、转变发展方式、转变经济结构，中国经济已由过度依赖投资、出口拉动，转向主要依靠消费、服务业和内需支撑，最终消费和服务业对经济增长的贡献率均已达到 60% 左右，外贸依存度不断下降；三大战略、四大区域板块协调联动，新增长极增长带不断涌现，开拓了较大的回旋空间；对外开放的范围不断扩展，营商环境持续改善，对外资企业的吸引力明显增强，今年上半年新设外资企业同比增长了 96.6%。"所有这些，都将为我国经济发展增添更加强劲的动力支撑。"

其二，中国有足够的政策空间来应对世界经济不确定性冲击。"当前，我国财政赤字率、政府负债率较低，商业银行资本充足率、拨备覆盖率较高，企业负债率趋于下降，宏观调控有足够的空间和政策工具可用。同时，我们将加强对中美经贸摩擦中所涉企业的负面影响评估，有针对性地予以支持。"严鹏程说。

其三，中国有应对严峻复杂困难局面的丰富经验。严鹏程强调："我国有独特的制度优势，能够集中力量办成许多别的国家想办而办不了的大事。"

（摘编自《人民日报海外版》2018 年 7 月 18 日，作者：王俊岭）

经济向好促成就业量质双升

就业是最大的民生，也是反映经济社会发展的晴雨表。2018年上半年，在国民经济平稳增长和积极就业政策持续发力的背景下，中国就业形势继续保持稳中向好走势，城镇就业规模持续扩大，就业质量进一步提高。专家分析，看当下，产业转型升级、新动能发展壮大等经济向好因素对就业形成良好支撑；看未来，外部形势对就业影响可控，中国仍将专注自身经济社会发展改革，稳定和促进就业。

就业平稳且不断改善

如何观察就业形势？失业率、新增就业是硬指标。

前6个月，全国城镇调查失业率处于4.8%至5.1%区间，总体保持在较低水平，各月均低于2017年同期水平。6月份，全国城镇调查失业率为4.8%，为2016年全国月度劳动力调查开展以来的最低值。

6月末，我国城镇就业人员总量超过4.3亿人，比2017年末增加500万人以上。1至5月，城镇新增就业人数达613万人，2018年全年中国城镇新增就业预期目标是1100万人以上，前5月已完成过半就业任务。

调查失业率下降，新增就业超预期。国家统计局中国经济景气监测中心副主任潘建成指出，考虑到调查失业率有一定的季节性，同比看失业率会发现其呈温和下降的趋势，这说明中国就业形势不仅仅是平稳，而且在不断改善。

数量如此，质量也是如此。国家统计局人口和就业司司长李希如介绍，上半年就业质量进一步提高。一是工资水平继续保持增长。2018 年上半年，规模以上企业从业人员平均工资比 2017 年同期增长 10.1%，增速提高 2.1 个百分点。二是工作时间保持稳定。6 月份，各类企业就业人员周平均工作时间为 45.9 小时，比 2017 年同期增加 0.2 小时，周工作时间不足 35 小时的就业不充分人员占比低于 2017 年同期 0.4 个百分点。三是就业人员工作稳定性增强。如签订长期合同的比例，除国有及国有控股企业基本持平外，其他各类企业均有不同程度的提高。

"各方数据表明当前劳动力市场处在较充分的就业状态，经济增长达到潜在水平，生产要素得到充分利用，就业形势是稳的、好的。"中国劳动和社会保障科学研究院就业创业研究室主任张丽宾说。

经济向好有力支撑就业

稳而好的就业态势，从何而来？

"经济增长保持良好水平，产业不断转型升级，新动能新经济快速发展，创新创业保持热度，这些构成了就业稳中向好的基础。"张丽宾说。

——经济总量持续扩大。上半年国内生产总值同比增长 6.8%，经济增长创造了更多的就业岗位。举例来说，二季度末，外出务工农村劳动力总量 18022 万人，比 2017 年同期增加 149 万人，增长 0.8%。外出务工劳动力月均收入 3661 元，同比增长 7.5%。

——经济结构不断优化。上半年第三产业对经济增长的贡献率达 60.5%，吸纳就业能力进一步增强。6 月末，第三产业就业人员比重同比提高了 1.4 个百分点。其中，租赁和商务服务业、水利、环境和公共设施管理业、教育、信息传输、软件和信息技术服务业就业人员数量同比增速居前，现代新兴服务业就业增长尤为明显。

——新动能发展壮大。随着商事制度、"放管服"等改革深化，新发展动能持续增强。上半年，市场主体总量突破 1 亿大关，日均新设企业 1.81 万户。代表技术进步、转型升级相关产业，比如工业领域高技术产业、装备制造业和战略性新兴产业的增加值分别增长 11.6%、9.2% 和 8.7%，明显快于全部规模以上工业增加值的增速。创业和新兴产业带动就业的倍增效应得到持续发挥。

就业是体现经济社会发展的宏观指标，就业稳，既离不开宏观经济发展向好的大格局，也折射出中国经济发展的新动能、新态势。

贸易摩擦对就业影响可控

下一步就业走势如何？

当前一大关注点在中美贸易摩擦对就业的影响上。对此，张丽宾认为，局部来说，加征关税或导致订单减少，这对部分出口加工等外贸企业就业可能会有影响；但整体看，美国发动的贸易战对中国就业的影响是有限的、可控的。一方面，中国对美出口只占中国总出口额 15% 以内，大部分外贸不受影响。而且中国经济体量大，内部结构合理的情况下本身可以正常运行。另一方面，即使出现局部地区和行业、少数企业受到明显影响的情况，中国也有足够的政策手段和预案，例如失业保险补贴等，能够减缓外贸影响。

"根据测算，只要经济增速保持在 6% 左右的区间，就业就没有大问题。从现有生产水平看，中国也不会出现严重的就业问题。"张丽宾说，不用片面强调贸易摩擦对就业的影响。不过，当前的外贸形势也提醒相关政府部门要立足长远，调整结构，解决好中国发展的内部问题，坚持以供给侧结构性改革为主线，以宏观经济的稳和好来推进更高质量、更加充分的就业。

就在不久前，国家发改委等 17 部门联合印发《关于大力发展实体经济积极稳定和促进就业的指导意见》，指出"加快建设实体经济与人力资源协同发展的产业体系，大力发展实体经济，着力稳定和促进就业，更好保障和改善民生"，并就创造更多高质量就业岗位、引导劳动者转岗提质就业、强化失业风险应对等多方面提出具体意见，体现了政府对就业的重视，成为下一阶段中国促进就业新的政策指引。

（摘编自《人民日报海外版》2018 年 7 月 24 日，作者：李婕）

供给侧改革护航经济行稳致远

2018 年上半年中国经济稳中向好，与供给侧结构性改革密不可分。数据显示，"三去一降一补"取得阶段性成效，为保持经济增长、推动结构调整、加快动能转换、提高质量效益发挥了重要作用。专家表示，面对日益复杂的国内外形势，还要坚持推进供给侧结构性改革，使经济运行始终保持在合理区间。

升级版"三去一降一补"成效明显

2018 年以来，"三去一降一补"在此前基础上推出"升级版"，成效明显。

结构性去产能不停步。国家发改委新闻发言人严鹏程介绍，上半年煤炭方面在坚决处置"僵尸企业"的同时，适当提高了南方地区煤矿产能退出标准；钢铁领域始终保持露头就打的高压态势，严禁新增产能，严防"地条钢"死灰复燃和已化解过剩产能的重新复产，防止产能"边减边增"。目前煤炭市场总体平衡，钢材价格运行在合理区间。上半年，全国工业产能利用率为 76.7%，比一季度提高 0.2 个百分点，比 2017 年同期提高 0.3 个百分点。

去库存见到实效。6 月末，全国商品房待售面积同比下降 14.7%，比

2015 年末减少了 40% 之多，其中三四线城市商品住宅去库存步伐明显加快。

去杠杆稳步推进。市场化债转股开局良好，到 6 月底，签约金额达到了 17220 亿元，到位资金 3469 亿元，涉及 109 家具有发展前景的高负债优质企业。从已签约的项目看，银行及所属实施机构签约的项目占比超过了 80%，资金到位占比也超过了 70%。企业负债率持续下降，5 月末，规模以上工业企业资产负债率为 56.6%，同比下降 0.6 个百分点；国有企业资产负债率为 65%，同比下降 0.4 个百分点。

降成本多点发力。2018 年上半年，一般工商业电价继续下调，物流成本也进入持续下降通道。1 至 5 月份，规模以上工业企业每百元主营业务收入中的成本为 84.49 元，同比减少 0.31 元。

短板领域投资快速增长。上半年，生态保护和环境治理业、农业投资同比分别增长 35.4% 和 15.4%，分别快于全部投资 29.4 和 9.4 个百分点；高技术产业和战略性新兴产业的增加值增速分别为 11.6% 和 8.7%，均快于整体工业增速。

供给侧改革为发展腾出新空间

专家认为，影响中国经济增长的突出问题有总量问题，但结构性问题更为突出。持续推动供给侧结构性改革，相当程度上保证了中国经济稳步增长并迈向高质量发展。

"当前我国面临的主要问题是结构性矛盾：一方面生产成本上升，人口红利逐渐消失，劳动力、土地、能源等要素价格上涨，生态资源和环境承载能力已经达到或接近上限；另一方面，产业升级缓慢，过剩产能累积，需求外溢严重。"中共中央党校（国家行政学院）副校长（副院长）王东京表示，从需求侧扩大内需虽能实现总量平衡，却解决不了结构性矛盾。而从供给侧推进改革，可以实现由低水平供需平衡向高水平供需平衡跃升。

中国人民大学经济学院副院长陈彦斌教授表示，以"三去一降一补"五大任务为主要抓手的供给侧改革已持续推行近 3 年。跳出上半年，回看近 3 年，对供给侧改革的成效会有更深的体会。例如"去产能"，仅 2016 年和 2017 年就累计清理煤炭产能超过 4.4 亿吨，清理钢铁产能超过 1.15 亿吨，都超额完成任务，2018 年上半年在煤价钢价有所回升的背景下继续紧盯，保证了成果。再比如"降成本"，近 3 年每年都出台大量针对性强的措施为企业减负，让企业实实在在地感受到了变化。而这一项项任务的推进，减少了低端供给和无效供给，为经济发展腾出新空间，带动了产业结构优化升级；同时让企业轻装上阵，给经济注入新动能、新活力。

不过，陈彦斌同时指出，供给侧结构性改革仍面临以下困难和问题：一是去杠杆虽然长期来看有助于实现高质量发展，但是短期内给经济带来了一定冲击，可能会有阻力。二是地方政府推进去杠杆、降成本（减税降费）会导致财政收入减少，由此使得财政收支矛盾愈发突出。三是仍有不少短板亟待补齐和完善。例如，中国在不少领域的技术水平与发达国家存在较大差距，高质量产品的供给仍然相对不足，在教育、医疗等民生领域的财政支出仍然偏少等。

从供给侧扩大内需应对挑战

当前如何应对中美贸易摩擦等外部因素对中国经济增长带来的挑战？专家普遍认为，仍然要以供给侧结构性改革为主线，持续扩大内需，让经济运行始终保持在合理区间。

"受中美贸易摩擦加剧等因素影响，今年以来我国外需增长放缓，上半年货物和服务净出口对 GDP 的贡献率为 -9.9%，因此，扩大内需对于保持经济平稳增长至关重要。"陈彦斌说。他强调，扩大内需不能重走大规模刺激的老路，而要依靠供给侧结构性改革的推进。

王东京表示，从供给侧扩大内需，当前就是要坚定不移地落实"三去一降一补"，扩大有效和中高端供给，用更有效的供给满足需求，推动企业提高竞争力，为消费者提供更多物美价廉的商品，同时把目前存在的"海淘""代购"等消费者需求引到国内。

陈彦斌分析，就消费而言，既要增加民生产品和服务的有效供给，满足居民潜在的高品质消费需求，又要提高居民收入水平，补齐民生短板，提升中低收入群体的消费意愿。就投资而言，要深化利率市场化改革，破解中小企业长期存在的融资难融资贵问题；降低企业税费负担，减轻企业的税负感；营造公平、公正的市场竞争环境，增强民间投资的信心。他认为，未来供给侧改革的重点领域和关键环节包括：加快构建房地产长效机制，促进房价平稳增长并且解决不同收入群体的住房需求；继续加大减税降费力度，深化"放管服"改革，为企业尤其是民营企业营造良好的生存环境；稳步推进"结构性去杠杆"，着力防范和化解金融风险；尽快从要素驱动转向创新驱动，提高资本和人力资本的质量，加快实现高质量发展。

（摘编自《人民日报海外版》2018 年 7 月 25 日，作者：赵鹏飞）

粮食好收成支撑经济运行稳

国家统计局最新数据显示，根据对全国 25 个夏粮生产省区市的调查，2018 年全国夏粮总产量 13872 万吨（2774 亿斤），比 2017 年减少 306 万吨（61 亿斤），小幅下降 2.2%。专家表示，2018 年全国夏粮产量虽然略有下降，但仍属于较好的收成，同时粮食品质明显提高、农业供给侧结构性改革进一步深化，为全年粮食丰收及经济平稳健康运行奠定了坚实基础。面对日益复杂的内外部环境，中国将继续抓好粮食生产，当前实现谷物基本自给、口粮绝对安全的目标是有保障的。

夏粮品质提高

国家统计局公布的数据显示，夏粮减产的 306 万吨中，因播种面积减少而减产 86 万吨，因单产下降而减产 220 万吨。

国家统计局农村司高级统计师黄加才介绍，播种面积减少主要是由于各地积极推进农业供给侧结构性改革，大力调整农业种植结构，减少夏粮播种面积，增加花生、蔬菜等经济作物播种面积。

单产有所下降则是由于秋冬播期间持续降雨，导致小麦冬前积温不足，不利于形成冬前壮苗和安全越冬。2018 年清明时节，正值小麦生长的拔节孕穗关键期，黄淮海等小麦主产区遭受了一次大范围大幅度降温天气，影响小麦穗粒数形成。此外，在灌浆收获期间，安徽等部分地区遭遇长时间阴雨天气，不仅影响小麦灌浆和产量的进一步形成，还导致小麦出芽霉变，影响品质。

"产量虽然略有下降，但粮食品质进一步提高，农业供给侧结构性改革进一步深化。"中国社会科学院学部委员、农村发展研究所研究员张晓山表示。

2018 年夏粮生产有 3 个显著特点：一是生态种植加快。华北和新疆塔里木河地下水超采区调减小麦面积 200 多万亩，西南西北调减条锈病菌源区小麦 70 多万亩。二是优质比例提升。市场紧缺的优质强筋弱筋小麦面积占 30%，比 2017 年提高 2.5 个百分点。三是节本增效显著。节水小麦品种面积达到 20%，比 2017 年提高 8 个百分点。总体上看，粮食生产正从单纯追求产量向更注重品质转变。

政策红利不断释放

专家表示，近年来，农业政策供给更加精准，政策红利不断释放，在提高农民种粮积极性、保障夏粮丰产丰收方面起到了重要作用。

党的十九大报告指出，保持土地承包关系稳定并长久不变，第二轮土地承包到期后再延长 30 年。2018 年 4 月，农业农村部、财政部发布《2018年财政重点强农惠农政策》，具体阐述农民直接补贴、支持新型农业经营主体发展、支持农业结构调整等八大方面强农惠农政策。

"农业扶持政策框架完整，政策导向明确，政策引导作用明显。"张晓山表示，尽管 2018 年国家调低小麦最低收购价每斤 0.03 元，但托底作用明显，小麦市场价格保持稳定，农民种麦收入预期稳定。同时，科技支撑作用加强。小麦是三大粮食中技术集成度最高、机械化程度最高的作物，特别是黄淮海地区形成了一套以机械作业为载体的农机农艺融合、绿色生态环保的技术模式，提高了小麦生产科技水平。

张晓山认为，今后农业政策的目标是既要调整结构，又要保证粮食安全。一是坚定不移地稳产能、保口粮。国家规划要建设8亿至10亿亩高标准农田，还要划定9亿亩的粮食生产功能区，从而保证粮食生产。在科技方面，要推进农业机械化，推广优质高效和绿色生产技术。二是继续优化粮食生产结构，要适应市场的变化来调减生产，特别是调整品种结构。三是树立大农业观、大食物观，推进农林牧渔全面发展。

粮食安全有保障

中美贸易摩擦加剧，中国面临的内外部环境日益复杂多变，粮食安全是否会受到影响？

确保国家粮食安全，把中国人的饭碗牢牢端在自己手中，是中国农业政策的基石和底线。张晓山表示，《全国农业现代化规划（2016—2020年）》提出，坚持以我为主、立足国内、确保产能、适度进口、科技支撑的国家粮食安全战略，确保谷物基本自给、口粮绝对安全。其中在粮食供给保障方面提出两个约束性指标，一个是粮食（特别标注是谷物，即小麦、稻谷、玉米、杂粮四类）综合生产能力2020年达到5.5亿吨，该指标口径与国际相接轨。一个是小麦稻谷自给率2020年保持在100%，并在备注中特别说明：小麦稻谷自给率是指小麦稻谷国内生产能力满足需求的程度。

根据原农业部公布的《2018年种植业工作要点》，口粮方面要坚持稻谷、小麦最低收购价，完善粮食收储政策，健全主产区利益补偿机制，保护农民种粮积极性和地方政府抓粮积极性；加强政策宣传，引导农民合理安排种植结构，积极发展优质稻米和强筋弱筋小麦，力争稻谷、小麦等口粮品种面积稳定在8亿亩；加快划定9亿亩粮食生产功能区和2.38亿亩重要农产品生产保护区，基本完成水稻和小麦生产功能区划定。

"今年我国粮食生产的目标是将产量稳定在 1.2 万亿斤以上，确保口粮绝对安全。我们实现这一目标是有保障、有信心的。"张晓山表示，中美贸易摩擦在农业方面主要集中在大豆上。2017 年中国进口美国大豆占中国大豆总进口量的 34.4%，美国对华出口大豆价值 120 亿美元。中国要达到粮食供给保障方面这两个指标，又要满足国内现有食物结构对食用油和饲料蛋白的需求，进口较大数量的大豆是客观需要。从长远看，如果从美国进口的大豆大幅度减少，我国要制定长远规划，在加强本国优质大豆生产的同时，寻求多元化、较稳定的大豆供应来源，提升替代豆油的其他食用油供给以及替代豆粕的其他饲料蛋白的供给。

（摘编自《人民日报海外版》2018 年 7 月 28 日，作者：赵鹏飞）

消费引擎强劲增添市场信心

观影总人次超 9 亿、快递业务量超过 2015 年全年、全国餐饮收入 1.95 万亿元人民币、化妆品进口增长 1 倍……2018 年上半年，与居民消费相关的各类数据表现强势，国内消费对经济增长的拉动作用持续增强，成为经济增长的第一驱动力。

专家指出，考虑到中国所拥有的世界最大规模的中等收入群体蕴含着巨大消费升级需求以及扩大进口将促进市场销售的活跃和供给等因素，消费引擎动力还将保持强劲，这不仅会继续拉动中国经济增长，也将为世界各国带来更多发展机遇，给中国及全球市场增添信心。

最重要引擎，对 GDP 贡献率 78.5%

上半年，中国消费品市场规模进一步扩大。国家统计局数据显示，上半年全国社会消费品零售总额达到 18 万亿元，同比增长 9.4%；6 月当月同比增长 9%，增速较 5 月份回升 0.5 个百分点。

国家统计局贸易外经司司长孟庆欣介绍，按经营单位所在地分，上半年，城镇消费品零售额 154091 亿元，增长 9.2%；乡村消费品零售额 25927 亿元，增长 10.5%。从销售商品的类别看，基本生活类商品保持平稳增长。上半年，限额以上单位服装、日用品类同比分别增长 10.1% 和 12.6%，增速分别比 2017 年同期加快 3.3 和 3.6 个百分点，粮油食品类也保持近 10% 的较快增长。

市场规模扩大的背后是消费支出的加快增长。根据统计局数据，上半年，全国居民人均消费支出 9609 元，同比名义增长 8.8%，比一季度加快 1.2 个百分点，扣除价格因素实际增长 6.7%，加快 1.3 个百分点。

"上半年，最终消费支出对 GDP 增长的贡献率为 78.5%。与上年同期相比，最终消费支出贡献率上升 14.2 个百分点，充分体现了消费对我国经济发展的基础性作用，表明消费是拉动我国经济增长的最重要引擎。"国家统计局国民经济核算司司长董礼华说。

从量的满足转向质的提升

在消费市场基本平稳的同时，消费升级势头不减。董礼华介绍，上半年，消费升级类商品保持较快增长，家电、通讯器材和化妆品类商品增速加快，分别增长 10.6%、10.6%、14.2%，比 2017 年同期提高了 0.2、0.5 和 2.9 个百分点。

实物消费之外，服务消费同样保持明显升级势头。国家统计局住户调查办公室主任王有捐指出，上半年，体育、健康、旅游等服务消费势头强劲，全国居民人均体育健身活动支出增长 39.3%，医疗服务支出增长 24.6%，旅馆住宿支出增长 37.8%，交通费支出增长 22.8%。追求舒适生活的享受型服务消费需求旺盛，全国居民人均饮食服务支出增长 16.6%，家政服务支出增长 33.1%。

"从业态来看，新兴业态蓬勃发展。"孟庆欣说，随着网络技术进步和互联网普及率的提高，网购用户规模不断扩大，网上零售在 2017 年高增速的基础上继续快速增长。上半年，全国网上零售额 40810 亿元，同比增长 30.1%。其中，实物商品零售额 31277 亿元，增长 29.8%，增速比社会消费品零售总额高 20.4 个百分点，占社会消费品零售总额比重为 17.4%，比 2017 年提高 3.6 个百分点。

传统业态方面，在大数据、人工智能和移动互联网等新技术推动以及日益完善的物流配送体系支撑下，继续保持较快增长态势。商务部监测的 5000 家重点企业上半年零售额同比增长 4.6%，较上年同期加快 0.2 个百分点。其中，便利店、超市、百货店上半年的销售额同比分别增长 7.6%、4.5% 和 1.6%，增速分别加快 0.4、0.6 和 0.3 个百分点。

中国银行国际金融研究所研究员高玉伟分析，随着居民收入水平的持续提高以及消费观念的转变，居民消费正从注重量的满足转向追求质的提升，这推动了消费结构的优化、新兴业态的发展，有助于中国经济由过度依赖投资、出口拉动转向主要依靠消费、服务业和内需支撑。

拥有最大中等收入群体，消费需求大

在中美贸易摩擦背景下，未来中国消费市场会否受到影响？商务部新闻发言人高峰指出，不管中美经贸关系如何变化，都将按照既定目标和节奏，积极稳妥地推进促消费的工作。

商务部介绍，下一步，将按照高质量发展的要求，顺应居民消费的新趋势，从供需两端、在四方面着力：一是促进城乡便民消费。比如将积极推进"15 分钟社区服务圈"的建设。二是增加中高端的供给。重点推进高品位的步行街建设以及国际消费城市的培育，同时积极扩大进口，充分利用中国国际进口博览会等平台，丰富国内的商品和服务供给。三是完善供应链。全面推进现代供应链试点示范和高效的物流配送体系建设。四是营造安全放心的消费环境。比如继续推进食用农产品、食品等重要产品追溯体系建设等。

国家统计局中国经济景气监测中心开展的最新中国消费者信心调查显

示，5 月，中国消费者信心指数为 122.9，比 2012 年以来均值高 16.1 点，处于 1998 年开展此项调查以来的历史高位区间。其中，消费意愿指数为 114.3，比 2012 年以来均值高 17.2 点，反映出当前居民消费意愿有所增强，愿意花钱"买买买"。

高玉伟认为，随着消费品市场规模的持续扩大，中国有望成为世界第一大消费市场；同时，中国拥有世界最大规模的中等收入群体，这蕴含着巨大的消费升级需求。此外，随着 7 月 1 日起中国大幅下调汽车整车及零部件、部分日用消费品进口关税，下半年扩大进口政策效应料将进一步显现，进口商品消费将呈现更多亮点。综合考虑这些因素，未来，消费者将有更多实实在在的获得感，消费转型升级态势将会延续，中国的消费能够保持持续、稳定、高质量的增长。

（摘编自《人民日报海外版》2018 年 7 月 30 日，作者：邱海峰）

区域协调发展释放更多经济潜力

东部好、中西快、东北企稳——2018 年以来中国经济运行稳中向好，高质量发展取得积极进展，这与区域之间的协调发展密不可分。当前，随着"一带一路"建设、京津冀协同发展、长江经济带建设的不断推进，各区域协同发展的效应不断增强。专家指出，未来随着城市群建设等举措进一步实施，区域之间协同还将走向纵深，释放更多中国经济的潜力。

东中西部齐头并进

上半年中国经济发展的协调性增强。国家发改委新闻发言人严鹏程指出，其中一大表现就是区域结构更趋协调，"中西部地区发展较快，东北地区经济企稳回暖，东部地区新动能继续集聚"。

中西部发展增速亮眼。看总值，上半年中部和西部地区生产总值分别增长 7.9% 和 7.4%，其中，贵州、西藏、云南等省区经济增速超过 9%；看税收，上半年中西部势头迅猛，税收收入分别增长 19.5%、19.7%；看进出口，上半年，西部 12 省市外贸增速为 17.8%，超过全国增速 9.9 个百分点；中部 6 省市外贸增速为 13.2%，超过全国增速 5.3 个百分点。

东北地区经济企稳。上半年，东北地区投资形势、工业生产形势均持续好转。投资增速为 6.3%,比 1—5 月份、一季度分别提高 4.1 和 4.9 个百分点;其中,辽宁投资增长 12.1%,增速高于全国 6.1 个百分点。2018 年前 5 个月,辽宁省规模以上工业增加值同比增长 10.5%;吉林省 50 户重点企业产值增长 10.7%;黑龙江食品、装备、能源等行业增加值分别增长了 14.5%、11.4% 和 1.7%。

东部新动能加快壮大。上半年,在税收规模较大的基础上,东部地区仍然实现 13.3% 的两位数增速,继续发挥着对全国经济发展的重要引领和"稳定器"作用。同时,经济新动能加快集聚。例如,上半年上海全市工业战略性新兴产业总产值 5063.12 亿元,比 2017 年同期增长 8.1%,新能源汽车、生物、新一代信息技术产值均实现两位数增长。

三大战略加快推进

东、中、西、东北四大板块发展向好,得益于"一带一路"建设、京津冀协同发展、长江经济带建设的快速推进。

以"一带一路"建设为例,投资外贸稳步提升。上半年,中国企业对沿线 55 个国家有新增投资,合计 74 亿美元,同比增长 12%;在沿线国家新签对外承包工程合同额 477.9 亿美元,占总额的 44.8%。同期,中国对部分沿线国家和新兴市场进出口保持快速增长,对越南、印度尼西亚、俄罗斯、巴西进出口增幅分别达到 19.8%、18.8%、16.0% 和 15.4%。

"一带一路"建设为区域协同发展带来更多机遇。北京社科院经济研究所副研究员杨维凤分析,在"一带一路"建设中,东部依托地缘和港口优势,创新多种合作模式,建设境外园区、发展跨境电商等,贸易发展迅速;西部和东北地区则依据边境区位优势,在产能合作、人文交流等方面成果丰硕;中部地区则加强基础设施建设,大力发展航空、铁路、公路等,建立对外连接的大通道,这些都有力地提升了区域经济的发展。

区域内部合作也正渐次展开。就长江经济带来说，在上游，四川、重庆联合签署多个专项合作协议；在中游，赣湘鄂三省政府联合签署宣言，将在多项生态保护事项中加强合作；在下游，已经发布的《长三角地区一体化发展三年行动计划（2018—2020年）》聚焦交通、能源、科创等多个领域，进一步明确长三角一体化发展路线。

区域协同纵深挺进

国家层面，更多推动区域协同发展的政策还在先后出台。上半年，国务院批复同意的《关中平原城市群发展规划》《呼包鄂榆城市群发展规划》《兰州—西宁城市群发展规划》陆续印发。至此，"十三五"规划提出的跨省区城市群规划已基本印发实施。严鹏程表示，下一步，将把培育建设都市圈作为城市群建设的突破口，积极推动都市圈建设，加快培育新生中小城市。

"城市群的建设就是要培育区域经济发展的引擎和增长极，形成创新中心，带动周边区域的发展。"在杨维凤看来，这也是突破四大板块界限，进一步细化、深化区域发展政策，更有针对性的举措。

据北京社科院编写的《中国区域经济发展报告 2017—2018》，从区域格局来看，发展协调性不断增强，但中国经济增速逐渐打破四大板块的限制，呈现出南北差异的特点。杨维凤还指出，因为各省份情况不同，四大板块内部也呈现分化态势。这就要求区域协调发展中要推进空间分类指导，比如，进一步加大对东北地区和部分资源型省份的支持力度，鼓励各地根据资源和区位优势探索不同的发展方向等。

专家同时建议，要完善创新的体制机制，营造良好创新环境，以科技创新激活区域发展新动能转换。坚持制度创新，构建多梯度全方位开放新机制体制。以区域协调发展，支撑全方位开放新格局，释放更多中国经济潜力。

（摘编自《人民日报海外版》2018 年 7 月 31 日，作者：李婕）

营商环境改善提升外资来华热情

全国新设立外商投资企业同比增长 96.6%、医疗仪器设备及仪器仪表制造业实际使用外资增长 179.6%、11 个自贸试验区实际使用外资增长 32.6%……2018 年上半年，无论是规模还是质量，中国吸引外资都有着不俗的表现。对此，相关人士指出，当前各国投资者来华投资热情不减。考虑到中国市场拥有巨大潜力、两个负面清单正式开始施行、优化营商环境的举措加快在全国各地落地生根，外资来华热情仍有望进一步提升，使中国继续成为外国企业投资的首选之地。

高技术领域成外商投资热点

2018 年上半年，中国新设外资企业持续快速增长。商务部数据显示，1 至 6 月全国新设立外商投资企业 29591 家，同比增长 96.6%，实际使用外资 4462.9 亿元人民币，同比增长 1.1%，折合成美元是 683.2 亿美元，同比增长 4.1%。

"新设立企业数量快速增长，主要得益于我国综合营商环境不断改善，对外资企业的吸引力不断提升。同时，外资企业设立程序更加简化，投资便利化水平有效提升，市场的活力得到进一步激发，外国投资者的信心不断增强。"商务部新闻发言人高峰表示。

量的增长之外，质的方面同样表现不俗。商务部介绍，上半年，高技术制造业实际使用外资 433.7 亿元人民币，同比增长 25.3%，其中电子及通信设备制造业、计算机及办公设备制造业、医疗仪器设备及仪器仪表制造业，同比分别增长 36%、31.7%、179.6%。高技术服务业实际使用外资 500.3 亿元人民币，其中，科技成果转化服务同比增长 22.2%。

与此同时，自贸试验区引领全国外资增长，西部地区吸收外资增势不减。上半年，11 个自贸试验区新设外商投资企业 4281 家，实际使用外资 578.4 亿元人民币，同比增长 32.6%，占比达到 13%。西部地区实际使用外资 288.4 亿元人民币，同比增长 13.2%。

"从上半年的数据来看，各国投资者来华投资热情不减，特别是在高技术制造业和服务业领域，外商投资的积极性很高。这一方面得益于中国市场的巨大潜力，特别是在经济结构转型升级的背景下，外资不愿错过这样的发展机遇；另一方面得益于中国持续推出的开放举措，相关领域的限制不断减少，为外资进入中国市场提供了条件。"中国世界贸易组织研究会副会长霍建国说。

优化营商环境举措加快落地

2018 年 7 月 28 日起，2018 年全国版负面清单开始施行；7 月 30 日起，2018 年版自由贸易试验区负面清单开始施行。霍建国表示，这两个负面清单的发布与施行是中国扩大对外开放、放宽市场准入的又一大举措。全国版的负面清单在 22 个领域推出了开放措施，限制措施缩减了近 1/4；自贸试验区的负面清单在全国负面清单开放措施基础上，在更多领域试点取消或放宽外资准入限制。

"此次负面清单开放的领域，许多是境外投资者长期关心的。比如，在制造业领域，汽车行业的分阶段开放；在服务业领域，取消金融领域的外资股比限制。我们相信，新版负面清单的实施，将进一步激发各国投资者来华投资的热情。"高峰说。

市场准入大幅放宽的同时，越来越多优化营商环境的举措加快在全国各地落地生根。2018 年 6 月底，北京市编制完成了进一步优化营商环境行动计划，落实各类所有制企业一视同仁的原则，废止一切妨碍公平竞争的规定；上海市出台了"扩大开放 100 条"，年内将实现市区两级企业审批事项 90% 以上只跑一次、一次办成；浙江省大力推进政府数字化转型，现在80% 以上的事项可以在网上办理；厦门市通过工程建设项目审批制度改革，简化了程序、提升了速度，吸引了大量企业落户厦门……

"我们将继续改善营商环境，保护外资企业在华的合法权益，吸引更多外国优秀企业来华，在中国发展的机遇中实现共同发展，使中国继续成为外国企业投资的首选之地。"高峰表示。

中国开放的姿态将带来双赢

推进投资便利化、优化营商环境，中国所做的努力正得到积极回应。"前不久，我们在江苏太仓举办了一次内部展览，迎来了 1000 多位客户。同时，我们还举行了第三期厂房奠基仪式，新厂房占地 4 万平方米。"德国通快（中国）有限公司中国区研发总监亚历山大·哈夫纳表示，对中国的经济发展前景非常乐观，尤其是在钣金行业。通快希望通过加大在中国的投资，与本土机床企业共同成长。

像通快这样对华投资热情高涨的企业不在少数。中国美国商会发布的《2018 中国商务环境调查报告》显示，74% 的会员企业计划 2018 年扩大在华投资，这一比例为近年来最高。中国欧盟商会《商业信心调查 2018》报告显示，超过一半的会员企业计划扩大在华运营规模。

致力于炉灶产品开发与制造的米技国际控股有限公司执行董事季残月

说："我们坚信中国开放的姿态将带来双赢，一方面让中国消费者享受到全球优质资源，另一方面让企业在开放过程中真正受益。在消费升级的背景下，我们会在中国主动投入资金，加大研发力量，为中国市场开发出更多更适用的好产品。"

"徐州工厂是卡特彼勒在中国的第一家制造工厂，如今成为卡特彼勒全球规模最大的挖掘机制造中心。未来，卡特彼勒将继续努力寻求同其他中国企业在更大范围、更深层面的合作。"全球最大的工程机械和矿用设备生产厂家之一的卡特彼勒公司全球副总裁陈其华表示，中国有着巨大的发展潜力，经济稳步增长，政府致力于提升经济增长的质量，不断深化改革，扩大对外开放以及持续改善营商环境，这些都使得中国对外资企业深具吸引力。

（摘编自《人民日报海外版》2018 年 8 月 1 日，作者：邱海峰）

平常心看待近期人民币汇率波动

"近期人民币汇率波动并未超过合理区间。"北京大学国家发展研究院副院长黄益平表示，如果从全球和长期的视角加以冷静观察，与 2015 年下半年相比，近期的波动更多是市场情绪化的表现，市场完全没有必要对此做过度反应。

黄益平认为，人民币在全球货币中仍属相对强势。2018 年上半年人民币对美元汇率贬值 1.7%，而同期不少新兴市场国家货币对美元都出现了较大幅度的贬值，相比之下，人民币对美元汇率贬值幅度相对较小。人民币汇率双向波动是市场作用的结果，也反映市场主体对灵活汇率的适应性和容忍度增强。相对于历史上的单边走势而言，2018 年以来人民币汇率双向浮动的特征显著，弹性明显增强。2018 年以来，人民币汇率已近"清洁浮动"，市场化定价因素的决定性增强，市场预期有所分化，市场也越来越适应动态变化的汇率。

"近期人民币汇率较快贬值主要是由外部环境和市场情绪变化引起，并不代表经济基本面出现了实质性和突变性的变化。"黄益平说，一方面，美元指数持续走强，客观上推动人民币汇率被动贬值。另一方面，全球贸易环境深刻变化引发市场情绪较大波动，投射到汇率等经济变量上。并且，前期人民币有效汇率涨幅较大，近期调整也是对前期偏强走势的一种市场化校正。

在我国经济运行良好、外汇供求平衡的情况下，当前及未来一段时期内，人民币汇率完全有条件保持在合理均衡水平上的基本稳定。

黄益平认为，当前国内经济基本面良好，金融风险总体可控，外汇供求和跨境资本流动相对均衡，对人民币汇率形成有力支撑。更重要的是，过去十多年，汇率市场化改革稳步推进，人民币汇率的弹性和波动性明显上升，我国央行应对汇率过度波动的政策工具充足，经验丰富，能力增强，而且多次经受过市场考验。在我国经济发展稳中向好的背景下，人民币汇率完全有条件在合理均衡水平上保持基本稳定。市场应以平常心从积极角度看待人民币汇率的波动。

（摘编自《人民日报海外版》2018 年 7 月 16 日，作者：王观）

让金融活水滋润实体经济

2018 年以来，国内金融形势总体向好，宏观杠杆率趋于稳定，金融机构合规意识增强，防范化解金融风险取得初步成效。上半年对实体经济发放的人民币贷款增加 8.76 万亿元，比 2017 年同期多增 5548 亿元。金融是现代经济的核心，也是实体经济的血脉，作为 7 月 31 日中共中央政治局会议提出的"六稳"工作之一，稳金融在下半年如何顺利推进？金融活水怎样更好地滋润实体经济？

服务实体能力提升

越来越多的银行资金流向以制造业为代表的实体经济，对重点领域和薄弱环节支持力度显著增强。银保监会督促银行业金融机构优化贷款结构，增加对战略性新兴产业的信贷支持，同时降低实体经济融资成本，压缩通道业务，缩短融资链条。推动银行加大不良贷款处置力度，腾出信贷空间更好助力经济发展。5 月末，银行业金融机构本外币资产 250 万亿元，同比增长 7.2%，本外币贷款 133 万亿元，同比增长 12%，用于小微企业的贷款同比增长 14.2%。保险业服务经济社会的能力也不断提升，5 月末保险业总资产 17.5 万亿元，保险资金运用余额 15.5 万亿元，其中为实体经济提供融资余额超过 10 万亿元。

为实体经济服务是金融的天职，也是防范金融风险、确保金融自身健康发展的根本举措。"年初以来，人民银行继续实施稳健中性的货币政策，加强预调微调和预期管理，为供给侧结构性改革和高质量发展营造适宜的货币金融环境。总体看，当前货币信贷和社会融资规模适度增长，市场利率运行平稳。"人民银行调查统计司司长阮健弘说。

小微企业是经济新动能培育的重要源泉，在推动经济增长、促进就业增加、激发创新活力等方面发挥着不可或缺的作用。银保监会主席郭树清近日表示，金融机构要加快构建有效调动基层积极性的激励机制，积极推动降低小微企业融资成本。大中型银行要用足用好"头雁效应"，加大信贷投放力度，合理确定普惠型小微贷款价格，带动银行业金融机构小微企业实际贷款利率明显下降。做好分类施策，为发展暂时遇到困难的企业"雪中送炭"。

保持流动性合理充裕

上半年社会融资规模增速出现回落。"资金紧不紧""借钱贵不贵"，是备受市场关注的热点话题之一。

工银国际首席经济学家程实说，上半年，配合金融去杠杆的监管基调，货币政策边际趋紧，广义货币增速和社会融资规模增速中枢下移。6月末以来，流动性供给从"合理稳定"调整为"合理充裕"，这是一个比较积极的信号。

自2017年起，我国宏观杠杆率上升势头明显放缓。

2018年一季度杠杆率增幅比2017年同期收窄1.1个百分点。去杠杆成效初显。"推升杠杆率的因素正在出现重要变化。"中国发展研究基金会副理事长刘世锦认为，我国由高速增长转向高质量发展，更多地关注就业、企业盈利、发展的稳定性和可持续性等指标，不应再通过人为抬高杠杆率追求过高增速，这将在宏观上带动杠杆率下行。同时，金融监管日趋加强，金融市场逐步完善，影子银行等导致杠杆率上升的状况会有较大改变；地方政府债务约束强化，特别是对地方政府隐性债务的清理、整顿和规范力度加大；去产能取得重要进展，供求缺口收缩，企业盈利能力和可持续性增强。"在上述因素的共同作用下，我国杠杆率将总体趋稳，并逐步有序降低。"刘世锦说。

小微金融服务加大升级力度。上半年人民银行三次定向降准，引导金融机构将新增信贷资金更多投向小微企业，近期人民银行等五部委又出台了《关于进一步深化小微企业金融服务的意见》，精准聚焦的措施初见成效。6 月末，单户授信 500 万以下的小微企业贷款（含个体工商户和小微企业主）由以往的低增长转为趋势性回升，余额 7.35 万亿元，同比增长 15.6%，增速比 2017 年末高 5.8 个百分点，上半年增加 5743 亿元，接近 2017 年全年的增量水平。

防范和服务更好结合

人民银行近日召开的 2018 年下半年工作电视会议提出，加强预调微调，保持流动性合理充裕。鼓励金融机构加大支持实体经济的力度，降低实体经济融资成本。交通银行首席经济学家连平认为，在当前和今后一个阶段，大幅宽松和大幅收紧都不应成为货币政策的选项，而应在总体上保持基本稳定。

在流动性总量保持合理充裕的条件下，面对实体经济融资难、融资贵问题，必须更加重视打通货币政策传导机制。程实认为，在宏观层面，积极的财政政策和精准的产业政策要适时发力，以缓解市场避险情绪，明确经济长期机遇，增强信贷投放意愿，推动短贷向长贷转换；在微观层面，要平衡风险防范与激励相容，提高基层业务人员的动力和能力，使信贷资金向补短板领域积极流动。

中国人民大学重阳金融研究院高级研究员董希淼说，金融管理部门要坚持防风险的决心和定力，也要把握好严监管、强监管的力度和节奏，坚决防范"处置风险的风险"。此外，应充分考虑金融市场的敏感性和外部性，实行区别对待，在结构性去杠杆过程中保持金融市场稳定，保持服务实体经济力度不减，并加速提升为实体经济服务的能力和水平。

人民银行货币政策委员会委员马骏认为，在未来一段时间内，监管层将更多注重结构性去杠杆，避免过度使用在总量层面"一刀切"的去杠杆措施。

新时代证券首席经济学家潘向东认为，既要保持政策的稳定，避免因政策过度宽松或过度收紧而加剧经济风险，协调好各项政策出台时机，又要借力深化改革去杠杆，比如加快国有企业改革、大力发展直接融资、完善财税制度等。

（摘编自《人民日报海外版》2018年8月7日，作者：王观、欧阳洁）

各地经济"中考"成绩不错

一年过半，各地经济半年报陆续发布。细解这份"微观"中国经济图，稳中向好的发展态势清晰可见。论总量增速，16省份经济总量突破万亿元，中部、西部等新增长极正加快形成；看发展结构，各地抓牢特色和优势产业，在实体经济、新兴动能、基础设施、绿色发展等方面聚焦发力，扎实推进高质量发展。聚焦下半年走势，各地仍将以打好"三大攻坚战"为重点，继续"稳中求进"。

看增速：新增长极加快形成

观察中国经济，局部和总体同样重要。2018年上半年，不少省区市和区域板块表现强劲。

从GDP总量来看，目前共有16省份经济总量突破万亿元。其中，广东省和江苏省经济总量均为4万亿元级别，剩余前十分别为山东省、浙江省、河南省、四川省、湖北省、河北省、湖南省和上海市。

从GDP增速来看，已有17省份经济增速超越或持平全国平均成绩6.8%。其中，既有个别省份成绩亮眼，也有区域板块呈现较为明显的增长极特点。

西部增速高。贵州省以10.0%的增速居全国第一，是目前唯一实现两位数增长的省份。自 2003 年开始，贵州已 15 年持续实现两位数增长。以贵州为代表，一批西部省份增长强劲，例如西藏和云南经济增速也都超过 9%，发展势头良好。

中部步伐齐。上半年，中部地区蓄势发力、齐头并进的步伐十分稳健。在上半年 GDP 增速排名前十位中，中部 6 省有 5 省列席其中，分别是江西、安徽、湖北、湖南、河南，各自增速为 9%、8.3%、7.8%、7.8%、7.8%，同时这 5 省经济总量也均在万亿之上。

同时，东部稳、东北向好的态势也十分明显。由于经济基数大、转型发展早，东部省份 GDP 增速曾一度落后。但上半年东部整体表现稳健，福建、浙江、广东、江苏经济增速均超 7%。东北地区上半年生产总值也增长 4.7%，较上年同期加快 0.3 个百分点，总体企稳向好。

"地区经济延续稳中向好、稳中有进的态势。"国家发改委有关负责人表示，中西部地区经济增速继续领先，东北地区经济回升势头较好，一批增长极加快形成，区域发展的协调性持续增强。

看结构：高质量是关键词

在总量和增速之外，高质量发展也是各地经济发展的一大看点。具体到各地来说，又各有其侧重点。

聚焦实体经济。上半年四川 GDP 同比增长 8.2%，连续 7 个季度稳定在 8% 以上。该省统计局总经济师熊建中评价为"太难得，不多见"。这当中，新产品潜力继续释放，太阳能电池、新能源汽车等行业跑出 184.2%、60.6% 的高增速。湖南省也以高端制造为重点发力对象。湖南省委常委会会议指出，上半年，全省经济运行稳中有进，产业建设扎实推进。

壮大新兴动能。浙江是东部大省，上半年经济增速达 7.6%。在产业转型升级背景下，包括互联网、物联网、大数据在内的数字经济，正成为浙江经济发展的新引擎。上半年，浙江数字经济核心产业实现增加值 2348 亿元，同比增长 14.7%。

完善基础设施。在分析贵州经济增速时，贵州省统计局局长张平表示，近年来，随着交通等基础设施网络不断完善，贵州已成为西南近海大通道和重要陆路交通枢纽，为参与海内外产业分工创造了更加便利的条件。同时，国家生态文明试验区、国家大数据综合试验区及内陆开放型经济试验区"三大试验区"为贵州加快发展搭建了重大平台。

坚持绿色发展。湖北是中部大省，上半年经济增速达 7.8%。该省经信委经济运行处副处长李尧表示，上半年，湖北不断加大去产能的力度，另外也坚决贯彻长江大保护、不搞大开发的精神，发展的含金量在不断提升。

看未来："三大攻坚战"成重点

日前，中共中央政治局会议在部署下半年经济工作时指出，下半年，要保持经济社会大局稳定，深入推进供给侧结构性改革，打好"三大攻坚战"。近日，各省区市也相继召开会议，安排下半年经济工作，其中打好"三大攻坚战"也是各地方工作重点。

例如，山西省强调要充分发挥转型综改试验区建设的战略牵引作用，做好稳定经济运行基本面、扭转固定资产投资下滑局面、推进工业"结构反转"、提高金融服务实体经济能力和效率、保持房地产市场稳定、加大环保倒逼转型力度、保障和改善民生等重点工作。

河南下半年则着力做好几项工作，包括力争全年降低企业成本 450 亿元以上；高质量完成 110 万农村贫困人口脱贫、33 个贫困县摘帽；全年关停 750 万吨落后煤炭产能、107.5 万千瓦落后煤电机组任务；加快千家"僵尸企业"处置；实施河南乡村振兴战略规划；确保 12 件民生实事件件落到实处等。

打好"三大攻坚战"对地方经济的发展有着深远意义。北京社科院经济研究所副研究员杨维凤举了个例子，以精准脱贫为例，近年来，各个地方也总结出不同的经验做法。"这既是补足区域发展的短板，也有助于解决区域发展不平衡和内部贫富差距的问题，有利于促进社会公平，为区域发展创造更好的条件。"

（摘编自《人民日报海外版》2018 年 8 月 8 日，作者：李婕）

中美贸易战在前　中国应对的底气何在?

应美方邀请，商务部副部长兼国际贸易谈判副代表王受文 2018 年 8 月下旬率团访美，与美国财政部副部长马尔帕斯率领的美方代表团，就双方各自关注的中美经贸问题进行磋商。

谈判、互相加征关税……你来我往之间，中美贸易摩擦已持续半年有余。这期间，特朗普不断指责中国"偷走了美国的就业机会""使用不公平的手段获得贸易顺差"……这次最新的 2000 亿美元听证会上，特朗普依旧得到了绝大多数美国企业的抵制，因为这次加征关税主要是消费品，直接影响百姓生活。

特朗普的指责真的有道理吗？还是仅仅是一种政治修辞？中国受贸易战的影响有多大？我们又有怎样的底气去应对美国的挑战？

文章开始前，先讲个故事。

2018 年 5 月份，我在华盛顿发布了"一带一路"的英文新书。会上，美国政策界精英表达了对中国在新兴高科技领域竞争能力的担心。

会后，我乘出租车赶往机场。司机是一个移民到美国十年的非洲小伙子，每天工作十几个小时，仍住在叔叔家的地下室。他很向往去中国义乌发展，我问他为什么不在华盛顿找一个可行的商业机会，他说："美国生产的产品不适合非洲，我们需要义乌的小商品，我攒够钱后就去做中非贸易。"

非洲司机给我呈现了美国大部分低收入劳动者的生存状态：能消费得起服装、食品，甚至电子产品，但这部分产品主要依赖从发展中国家的进口。换言之，是发展中国家对美出口补贴了他们的日常生活。

然而，非洲司机无法求学深造，无法承担租房费用，人生被锁定在贫困阶层。据统计，美国约 810 万人的房租开支占到其收入的一半。而学生贷款数额激增，更被认为是导致美国国内经济危机的因素。

华盛顿的点滴经历能折射出美国劳动阶层的艰辛。不难理解，很多美国人相信特朗普总统要重振美国制造业，并将就业带回美国的政策议程，更相信中国抢走美国人饭碗。但事实是这样的吗？中国和美国在制造业上到底是一种怎样的恩怨情仇关系？

全球价值链

全球价值链是发达国家跨国公司主导形成的，跨国公司通过对外投资，在全球范围内寻找要素的最优配置，生产过程中形成了 U 型链条，也被称为微笑曲线。即发达国家占有品牌、研发、销售等附加值高的环节，笑逐颜开；发展中国家通过加工、组装进入微笑曲线低端，获得生存发展的机会。

我们以一件在孟加拉国生产的瑞典品牌 H&M 公司的 T 恤为例，它在德国以 4.95 欧元的价格销售，H&M 公司支付给孟加拉国制造商的费用是 1.35 欧元（包括工人费用、工厂成本等），占最终售价的 28%。

这是全球产业链的典型图像。

在美国，伴随全球价值链扩展，经济发生了一系列变化：首先，一些产业的生产环节大规模地向低工资国家转移，国内经济结构变化，似乎发展成了一个二元结构的双速经济体。一些行业，如信息产业、服务业表现非常好，但劳动密集型程度高的行业，则不断空心化或勉力支撑。

所以，低技能的劳动者承受了产业空心化的代价，但同时他们也收获了低价消费的好处。这场全球化的游戏表面上看，是发展中国家工人夺走了美国工人的饭碗，实质上是资本驱动的全球利益的再分配，资本拿了大头，而消费者收益来自发展中国家的血汗让渡。

特朗普将以上国内问题转嫁给中国，中国是不能背锅的。一方面，我们感谢全球价值链使中国获得了低端进入的机会；另一方面，我们也要解释清楚价值链上的利益分配情况，搞清中美贸易不平衡的本质，特朗普想转移矛盾，找中国这个"罪源"，但根本上是解决不了问题的。

全产业链

在全球价值链的竞合中，中国虽然以低端切入的方式进入游戏，但收益颇多，奠定了中国与美国保护主义博弈的基础。最重要的是，中国建立了全产业链，成为制造业第一大国。全产业链的优势在于配套能力强，这跟其他低端切入的发展中国家有很大的不同。

非洲司机为什么向往义乌？因为义乌能生产出适合非洲需求的低价产品。义乌生产的打火机，没有技术含量，但打火机的生产依赖塑料壳、钢制护壳和火石等相关产业配套能力。只有拥有这样配套能力的国家，才能生产出价格低廉的打火机，并形成规模产量。

美国制造企业已经意识到了其国内供应基础空心化、配套能力差的问题。2000—2015 年美国国内出售商品中，本地成分占比下滑了 4 个百分点。

如果美国希望再工业化，把竞争落脚点放在打火机这类劳动密集型产业上，美国要重新做好配套产业，但这基本上是不符合美国产业升级发展规律的。

相较而言，中国企业并没有被锁定在全球价值链的代工环节，一些企业已经通过自主设计研发实现了战略自主与战略蜕变，拥有了自己的品牌。

正是因为全产业链基础，中国才有能力构建区域价值链。如果中美贸易争端恶化，中美两国都寻找替代市场，高大上的美国恐怕机会比我们少，至少非洲司机的话证明了这一点。非洲司机的想法停留在贸易阶段，进一步想，非洲是否需要自己有能力生产小商品、甚至手机？

现实很残酷，在全球化过程中，很多发展中国家怎么努力，都没能加入到全球价值链中，成为局外人，和发达国家差距越来越大。中国推出了"一带一路"倡议，为这些落伍的发展中国家提供了谋求工业化的机会。

这就是中国和发展中国家之间的区域价值链。"一带一路"串起来的区域价值链同全球价值链有什么不同？

区域价值链

全球价值链上企业数量众多，分工复杂但技术标准统一，已形成模块化生产体系，价值链长。发展中国家无法与成熟的全球价值链竞争，可以选择价值链比较短（如服装纺织品、食品）、生产过程相对简单的产业。这个价值链会更平缓、更公平。

目前的全球价值链利益分配不均，微笑曲线走向利益分配不均的深 U 型。如果发展中国家在价值链较短的产业中寻找机会，如下页图：会保证一定时期的利益均衡分配，实现共赢，区域价值链的想法是现实的。2016 年我在哈萨克斯坦出差，看到一些中国企业成功投资的案例。例如，哈萨克斯坦可以生产西红柿，却不能生产西红柿酱，一家中国民营企业去投资，获得了丰厚的利润。

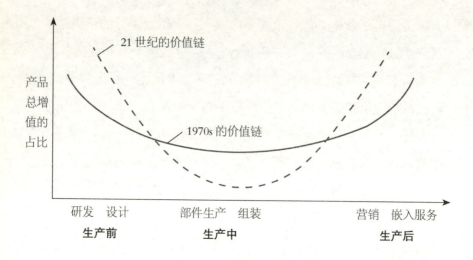

宏碁股份有限公司创始人施振荣 1992 年首次提出了"微笑曲线"，该曲线描述了在把制成品推向市场的不同阶段中增加值是如何变化的。20 世纪 70 年代，微笑曲线相对平缓，中国和"一带一路"国家建立区域价值链也应呈现这一特点。

高科技领域竞合

在中美贸易摩擦中，特朗普似乎把他的指责聚焦在衰退产业上，抱怨贸易赤字问题，而他的经济团队更具有战略意识，把焦点放在了未来产业上。美国贸易代表莱特希泽发布的 301 调查报告，瞄准的是中国十大高科技产业。

人类正步入新的制造业发展阶段。工业 1.0 以机械化、蒸汽机和纺织机为标志，发生在 18 世纪末；工业 2.0 发生在 19 世纪末，以大规模生产、流水线和电气能源为标志；工业 3.0 发生在 20 世纪末，以信息和通信技术为标志；工业 4.0 则以机器人、物联网和 3D 打印为标志，发生在今天。

未来 20 年，新一轮技术革命会深刻影响着全球经贸竞争格局，全球价值链的很多环节被压缩、取代、外包、众包，全球生产或许呈现其他的范式。智能工厂虽然只是初见，但已经成功将部分劳动密集型产业转移回到发达国家，使制造更接近消费者。很多美国学者称 3D 打印可以实现家庭制造，你没必要去宜家商场买灯具，而是在宜家资料库中下载图纸，然后用 3D 打印机打印出来就可以了。

这种情况下，技术变化将使美国竞争力得到巩固，一些没有完成工业化的发展中国家与美国的差距会进一步扩大。所以，一些美国专家认为振兴美国制造业并不是重复历史，而应高瞻远瞩，打造更加数字化的未来。

但是，美国认为，中国是发展中国家中少有的能与美国未来竞争的国家。2018 年 7 月，在美国众议院关于"中国掠夺性贸易与投资战略"听证会上，美国信息技术与创新基金会指出，如果不对中国采取进一步的行动，美国会在接下来的 20 年内丧失掉众多工作岗位。

他们认为美国在高技术产业中领导地位受到的挑战与美国低技术型产业转移到中国有着巨大的不同。与 T 恤行业不同，如果美国的科技公司严重削弱，要恢复竞争力，需要内嵌于企业、内嵌于工人（从车间到科学家到管理人员）的深层复杂的隐性知识，再加上创新生态系统（大学培训合适的人才、供应商网络等），是很难复活的。

实际上，如果新技术使生产转移到低成本地区的全球价值链发生变化，那么中国面临的挑战更为严峻。花旗集团和牛津大学的一个报告显示，70%的花旗集团客户相信，智能生产会鼓励公司将制造业转移回母国，这使中国和东南亚国家的利益受到损害。

怎样应对？

中国应做好重塑竞争的准备。

未来竞争中，除了技术，基础设施、物流、生产性服务、管理环境、基础教育等将变得更关键。在这方面，中国或许还有一定自信。我们的基础设施、物流能力已经发展得不错，甚至部分好于美国。我们基于人口数量的创新能力也会呈现竞争力，还有，鉴于电子商务的普遍发展，中国消费者对未来时代的适应能力更强，支付宝、微信支付，这些都领先于美国。

另外，未来 20 年，生产范式的变化速度在各行业会各不相同，这将为我们布局技术冲击留出战略空间。纺织品、服装和鞋类是自动化程度较低的行业，但这些商品的出口集中度很高，中国企业还有一定布局时间。很多学者更担心新技术会使落后国家被淘汰，传统工业化将不再可能成为他们的发展路径。对于这些学者的担心，我认为，中国在"一带一路"基础上建立区域价值链的想法依旧有效，建立区域内自我发展的产业链迫在眉睫。

技术是一把双刃剑，有的美国经济学家声称，自 2000 年以来美国制造业流失的 500 万个就业机会主要是由于自动化而消失的，中国也会面临就业这个难题。两国都应该寻找内部自信，做好人力资本的培训转型工作。

未来中美会不会有产业合作可能？智能制造的一个特点，就是能快速满足世界各地消费者的需求。随着中国中产阶级消费者的增多，中国作为一个需求大国的地位，仍有吸引美国企业合作的优势。目前，美国本土的制造业企业不足 25 万家，其中绝大多数是小企业，他们很注重成本，会越来越借助互联网将部分工作外包，这也给中国以合作机会。

总之，美国此次发起针对中国的贸易争端，客观上是其国内经济结构问题的转移，试图将结构性的矛盾转嫁给中国。如果我们把眼光放长远，这场贸易摩擦更是两国面对未来的产业竞争，占据新一轮技术革命的战略高地，才是这次贸易摩擦的真正目的。

总之，挑战在前，中国会受到冲击，但我们这么多年辛苦建立的全产业链，以及这些年开展的区域价值链布局，是我们应对贸易战的底气所在。此外，我们不变的还应该有中国人吃苦打拼精神、做生意的双赢思维。一心一意做好自己的事，尽快让中国强起来，这样面对美国竞争，我们才有底气和基础迎接更高层次的博弈。

（摘编自侠客岛 2018 年 8 月 22 日，原题目为《应对贸易战　中国底气何在？》，作者：程大为）

前7月中国经济：稳中突显韧性　稳中展现活力

2018 年 8 月 14 日，国务院新闻办举行 7 月份国民经济运行情况发布会。最新数据显示，当前中国生产需求基本平稳，就业物价总体稳定，经济结构继续优化，质量效益稳步提升，国民经济继续在合理区间运行。多位专家指出，中美经贸摩擦给中国经济乃至世界经济带来了不确定性，在此背景下，中国经济的表现无疑展现出强大的韧性和活力。

五大特点难能可贵

国家统计局新闻发言人刘爱华介绍，7 月份经济运行继续保持在合理区间，呈现 5 方面特点：

一是生产基本平稳。1—7 月份，高技术制造业增加值同比增长 11.6%，装备制造业增长 9%，战略性新兴产业增长 8.6%，这三个增速都高于规模以上工业增加值 6.6% 的增速，说明供给结构在持续优化。

二是需求结构优化。1—7 月份，通讯器材类、化妆品类商品零售额继续保持两位数的增长。服务消费类保持快速增长态势。投资方面，制造业投资增速连续 4 个月保持回升，民间投资增长 8.8%，连续两个月小幅回升。

三是就业物价稳定。1—7 月份，全国城镇新增就业已经实现了全年计划的 80%。7 月份当月城镇调查失业率 5.1%，环比小幅上升，但主要是因为大学毕业生集中进入就业市场。同期，全国主要就业人员群体 25—59 岁人口的调查失业率继续保持在 4.4% 的低位，平均工作时长等指标也都在改善。从物价来看，7 月份居民消费价格同比上涨 2.1%，生产价格指数涨幅略有回落，有助于缓解中下游成本压力。

四是新动能持续发力。工业机器人、集成电路、新能源汽车等新产品的产量继续保持快速增长。

五是经济效益继续提高。从规模以上工业企业利润来看，上半年规模以上工业企业利润同比增长 17.2%，服务业企业营业利润增长 22.6%。

刘爱华表示，考虑到目前外部环境发生明显变化、国内结构调整持续推进以及 7 月份气候等各因素对经济运行造成的扰动，当前经济运行保持在合理区间相当不易、难能可贵。

稳扎稳打结构更优

针对基础设施投资从 2018 年初两位数增长放缓至 1—7 月份的 5.7% 这一情况，刘爱华表示，这一方面与此前年份基数较高有很大关系，另一方面则在于各地方 2018 年以来加大了对基础设施项目的合规性、合理性的审查，以及环保标准提高等。"针对基础设施投资中出现的一些问题采取了必要措施，长期来讲对基础设施的高质量发展是有好处的，但是短期来讲可能会造成项目的延迟。所以，从数字来看，增速出现回落。"刘爱华透露，下半年中国要把补短板作为深化供给侧结构性改革的重点内容，加大基础设施补短板的力度。

面对外部不确定性带来的压力，中国并没有采取"强刺激"手段，而是稳扎稳打谋改革、补短板，优化结构、提升质量。1—7 月份，生态保护和环境治理业、农业投资分别增长 34.1% 和 15.5%，分别快于全部投资 28.6 和 10.0 个百分点；上半年，规模以上工业企业每百元主营业务收入中的成本比 2017 年同期减少 0.37 元；1—7 月份，高技术制造业、装备制造业投资增速分别比全部投资快 6.7 和 4.5 个百分点。

天津财经大学经济学院教授丛屹指出，中国经济数据与总体"稳"的特征相符合。相比于增速本身，经济结构的调整和优化正成为重要的亮点与看点。"新旧产能之间、新旧动能之间正在加快转换。尽管新动能有效替换旧动能尚需时日，但新动能快速增长的态势却很重要，需要继续保持下去。"丛屹说。

经济基本面不会变

对于下一阶段经济走势，刘爱华表示，前 7 个月经济运行总体平稳、稳中有进，已经为下阶段经济走势打下了非常稳固的基础。

刘爱华说，从供给侧来看，在供给侧结构性改革持续深入推进下，2018 年以来转型升级势头明显、经济结构在持续优化。上半年工业企业产能利用率提高到 76.7%，同比上升了 0.3 个百分点，这反映了市场供需格局更趋平衡，为需求潜力的释放打下了非常好的基础。从需求侧来看，不管是消费、投资，还是出口，都有稳定增长的基础，经济稳定增长的基础和支撑条件没有发生变化。

国务院发展研究中心副主任王一鸣指出，2018 年以来，我国经济保持中高速增长，经济结构持续优化，发展动力加快转换，经济效益继续改善，防范化解金融风险成效初显，污染防治取得新进展，转向高质量发展的条件进一步积累。这些都表明，我国经济运行总体平稳、稳中向好的基本面没有变。王一鸣强调，面对外部环境明显变化和国内经济运行出现的新变化，最重要的就是坚持稳中求进工作总基调，坚定信心，保持定力，以稳应变、以进促稳，努力做好自己的事，巩固经济平稳健康发展的基础。

丛屹表示，尽管中美经贸摩擦给中国经济带来了外部冲击和压力，但这并不是影响中国经济稳中向好的决定性因素。"当前,中国依然有着十分巨大的内需空间和改革潜力,都需要靠全面深化改革来释放。因此,只要进一步保持定力、提升能力,坚定不移推进供给侧结构性改革,中国经济就会底气更足、信心更强。"丛屹说。

(摘编自《人民日报海外版》2018年8月15日,原题目为《前7月中国经济呈现五方面特点 稳中突显韧性 稳中展现活力》,作者:王俊岭)

中国经济：骨气底气强　信心信念坚

中国经济 7 月报日前亮相。在 2018 年 8 月 15 日国新办召开的新闻发布会上，国家发展改革委秘书长、国民经济综合司司长、新闻发言人丛亮，用三个关键词概括了当前中国经济运行情况，即"形稳""质优""势好"。"形稳"，主要宏观经济指标稳定运行在合理区间，经济发展"大盘"是稳的。"质优"，经济结构进一步调整优化，发展质量效益稳步提升。如产业结构优化升级，新动能快速成长等。"势好"，经济运行保持了稳中向好的态势。

丛亮表示，中国经济发展的骨气和底气不断增强，信心和信念更加坚定。"中国经济不是一次外部冲击就能够打垮的。下半年我们将坚持稳中求进的工作总基调，统筹推进稳增长、促改革、调结构、惠民生、防风险各项工作，保持经济运行在合理区间。"

有足够能力应对目前影响

2018 年以来，美国以"301 调查"为名，对自中国进口的商品加征关税。第一轮 340 亿美元已于 7 月 6 日实施，另外 160 亿美元可能将于 8 月 23 日实施。对中国经济造成了怎样的影响？

丛亮分析，美国加征关税的 500 亿美元出口额占中国总出口的比重是 2.2%，比重很小，但这种行为违反了世贸组织的规定，也破坏了全球的经济秩序，扰乱了全球的产业链和价值链的循环，给全球的经济复苏也蒙上了阴影。

从亮分析，从 1—7 月份的数据来看，中美经贸摩擦对中国经济的影响还是很有限的。"我们有巨大的市场空间和强劲的改革开放动力，我们没有像某些国家一样，我们还在不断地扩大开放，深化改革。我们还是有条件和足够的能力来应对目前的贸易纠纷升级和贸易摩擦的影响，确保年初确定的经济社会发展目标任务的圆满完成。"

加征关税对我影响总体可控

尽管目前影响有限，如果美国对 2000 亿美元的中国输美商品加征 25% 的关税，如果中国 600 亿美元的反制措施实施的话，会有怎样的影响？

"如果美国对 2000 亿美元的中国输美产品加征关税，可能对我们的工业生产、就业、外贸、物价产生一些直接的影响，也可能会对市场预期和供应链调整带来一些间接的影响。我们测算了一下，整个影响总体是可控的。2000 亿美元占中国总出口比重不足 10%。由于这个出口当中很多又有进口的因素，实际影响会更小一些。"从亮说，中国具有巨大的发展潜力和韧性，有巨大的回旋余地，中国完全有能力通过国内市场的开拓，通过扩大国内消费，通过稳定国内投资，消化外贸出口受到的影响。

为了反制美国的第二轮加征关税，中国 8 月 3 日宣布对自美进口的600 亿美元商品按照四档税率加征关税。从亮说，之所以确定四档税率，就是考虑到了对国内企业的影响、对国内老百姓生活的影响。

中国发展骨气底气不断增强

2018 年下半场的中国经济将如何表现？从亮说，改革开放以来，中国经济发展曾多次面临严峻的考验，包括 1997 年亚洲金融危机、2003 年非典的冲击、2008 年国际金融危机的冲击。"我们不仅没有被击倒，而且在困难当中成长、壮大。"丛亮说，中国经济总量已经从 1997 年的 1 万多亿美元增长到 2017 年的约 12 万亿美元，而且很多产业实现升级。"我们是在克服一个又一个困难当中成长壮大的，创造了一个又一个的发展奇迹。中国发展的骨气和底气不断增强，信心和信念更加坚定。中国经济不是一次外部冲击就能够打垮的。"

继续保持经济平稳健康发展，下半年，丛亮认为还有六项工作要抓紧。要坚持实施积极的财政政策和稳健的货币政策，把补短板作为深化供给侧结构性改革的重点任务，要把防范化解金融风险和服务实体经济更好地结合起来，继续推进改革开放，下决心解决好房地产的问题，做好民生保障和社会稳定工作。

（摘编自《人民日报海外版》2018 年 8 月 16 日，原题目为《中国经济"形稳""质优""势好" 骨气底气强 信心信念坚》，作者：陆娅楠）

CHINA-US
TRADE FRICTION

贸易摩擦前瞻
及启示

中美贸易战从一开始就注定了它的长期性和复杂性。长期性是因为特朗普政府要全面遏制中国，这一点已非常清晰，避战畏战是没有用的，我们必须做好持久战准备。复杂性在于中国维护世界自由贸易和多边机制的努力需要世界其他力量的支持。

　　如今，美欧、美日都在进行贸易谈判。有声音说，美欧达成了零关税的贸易统一战线，抛却了WTO，孤立中国。本编中，新加坡国立大学东亚研究所所长郑永年给出独到的见解。针对近来美国不断向中国施压的举措，有舆论称，美国此举是要让中国回到谈判桌上来。对此，通过商务部研究院研究员梅新育和清华大学教授魏杰的文章，我们或许可以明白美国历次挑起贸易纠纷的逻辑以及中国应对挑战的举措。

对话郑永年：美欧若形成"贸易统一战线"，
中国如何应对？

华盛顿时间 2018 年 7 月 25 日，欧盟委员会主席容克在与特朗普会谈后，欧盟官网发布了美欧联合声明。声明称，美国与欧盟之间将启动"一种为实现双方共赢的有力经贸合作"，共同致力于"零关税、消除非关税壁垒、消除对非汽车工业产品的补贴"，"免受不公平的全球贸易行为的侵害"。

特朗普则连续发推特，表示"这是自由与公平贸易的伟大一天"，"美国与欧盟关系重回正轨"。同时，"欧盟会立即购买美国的大豆，并大量进口美国液化天然气（LNG）"。

尽管此前美欧之间一度因钢铝、汽车关税问题关系紧张，但这种和缓的态势还是值得注意。尤其是特朗普口中"零关税、零壁垒、零补贴"的经贸关系——它意味着西方的经济一体化吗？或者是 TTIP、TPP 的新变种？在贸易战的背景下，这一新闻对中国又意味着什么？

侠客岛：特朗普为什么要跟欧盟达成这种"贸易统一战线"？看上去即使此前因为关税一度紧张，美国和欧盟"盟友＋兄弟"的关系还是比较牢靠的。

郑永年：西方还是西方。美国欧洲是"West"，其他的就是他们眼中的"the Rest"。可以说，美欧之间的矛盾，类似于他们的"西方内部矛盾"；"中国可以跟欧洲结盟"是异想天开。

在此前的贸易体制下，的确是美国的市场更加开放，欧洲更依赖于美国，而不是相反。他们的工业水平、技术能力差不多，比较优势也类似。但是美国的优势更突出：大市场、技术领先、有创新、有美元，欧洲离不开美国。所以这次欧洲有妥协是很正常的。即便是特朗普之前用关税"惩罚"他们，欧洲也不会脱离美国市场。

特朗普的一系列动作到底想要什么？注意他的用词："自由"且"公平"的贸易。他不是不要"自由贸易"，而是要加上"公平"。他觉得此前的贸易体制导致了不公平。奥巴马时期想搞 TTIP，一直没弄下来；但是特朗普没多久就搞定了。他是个行动派。

特朗普的策略是什么？"美国优先"就是他的策略。20 世纪 80 年代以来的全球化，形成了一个世界体系；美国凭借上述的四大优势，在这个世界体系成为老大。对美国来说，我缺了谁都没问题，但你缺不了我，无论是市场、技术还是美元。所以特朗普的观点很明确，也给了他到处挥舞贸易大棒的底气。对欧洲、对日本、对中国，都是一模一样的策略。

换言之，在特朗普看来，缺了你，我只是暂时丢掉这个市场；但是你们找不到自己相对美国的绝对比较优势。即使是中国的比较优势，美国也可以找到替代方案。

侠客岛：2016 年 2 月，TPP 协议签订时，奥巴马说："TPP 将使美国在与中国竞争中更具优势，让美国而非中国书写 21 世纪规则。"现在看，虽然特朗普退出了 TPP，对 WTO 也不太感冒，但似乎也希望重新书写国际秩序。美欧之间会否形成一个门槛更高、要求更严的自贸体系？

郑永年：奥巴马说得明白，"不让中国书写规则"，太过意识形态化了。

写规则然后要求中国服从，还是隔了一层。生意人特朗普则看得非常清楚：这些规则的讨论都没用，还是靠实力。他的策略有效得多，就是利益推动。你如果想要美国的利益，就要服从我。他还是美国的里根派、现实主义派，要用利益推动规则。

如果按照古代的朝贡体系来做不完全类比的话，特朗普的目的就是要建立一个带有等级的市场体系：美国是中心老大，盟友是一圈，日本一圈，中俄在外圈。跟朝贡体系不一样的是，中国古代朝贡是"恩惠"性质的，你给我五块钱我给你十块钱；特朗普就是优先，你要给我钱，"可持续发展"。

我们不要小看特朗普做的事情。或许美国还会对小国施行强权政治，但他不相信强权政治可以征服中俄这样的大国。他不相信民主党的意识形态、价值观，甚至朝鲜跟加拿大也可以没有区别，就是赤裸裸的利益竞争。如果特朗普成功了，如果他还能连任，国际秩序改写的可能性很大。虽然美国国内强调意识形态、强调强权的派别依然强大，但现阶段特朗普做的，也符合这些派别的根本利益。

侠客岛：《华尔街日报》、NBC 最新的民意调查显示，特朗普在共和党内的支持率到了 88%，选民中支持率也是 45% 的高位。此前包括中国与全球化智库（CCG）等在内的智库也说，现在碰到的美国精英、跨国企业，也很少像此前一样愿意为中国说话、为中国游说了。这种政治局面的变化意味着什么？

郑永年：特朗普上台以来，美国的经济增长数据支撑了他的民意支持（侠客岛注：据白宫数据，2018 年 5 月，美国失业率 3.8%，近 50 年来最低水平，制造业、中小企业的乐观水平达到税改后最高；经济学家预测美国二季度 GDP 增长可能超过 4%）。

美国的国内政治复杂，有不同的利益集团，要具体分析。以往我们总是看特朗普的推特、看他说的话和表现形式，但其实他的行为逻辑是高度一致的，这跟之前历任总统都不一样。此前都是说一套做一套。特朗普除了跟主流媒体关系差之外，经济搞得很好，所以国内支持他。

面对中国，特朗普不想搞坏关系，这跟国内的意识形态派、强权政治派不太一样，他也不想失去中国，这一点跟冷战不同。但他就是追求美国利益第一，我不跟你谈，不能"口惠而实不至"，想要通过中国的行动去判断下一步的动作。华尔街也是希望中国更开放，毕竟从资本扩张的逻辑来讲，不会希望失去中国。

侠客岛：中国应该如何应对这一局面？

郑永年：贸易战的态势还在持续，但是要防止跟美国"贸易脱钩"。脱钩是最差的状况，因为经贸是中美关系的"压舱石""稳定器"。中国改革开放 40 年的成就，是在开放、全球化的状态下达到的，这其中的重要一环是与美欧的经贸往来。一旦脱钩，状况就完全变了，美国的冷战派就会占上风，就会像对抗苏联一样围堵中国。

特朗普贸易战的目的究竟是什么？其实美国没有害怕中国现代化的理由。尽管美国军方为了要预算说中国是威胁，但中美军事差距还很大；中国的人均 GDP、科技含量、创新水平、附加值差距也很大；中国的政治制度对一些发展中国家有吸引力，但对美欧不构成挑战。

侠客岛：但美国一直在渲染这种"威胁"。今天的美欧联合声明第四条，几乎也是"301 调查"对中国指责的照搬："解决不公平贸易行为，包括知识产权窃取行为、强制性技术转让行为、工业补贴、国有企业造成的扭曲以及产能过剩问题。"但对中国来说，这些指责几乎完全没有证据。

郑永年：这些当然不是中国的国家政策。西方大肆渲染是有目的的，就是为了围堵所谓的"国家资本主义"。在他们的话语中，这是一场自由资本主义和国家资本主义之间的斗争。这是意识形态层面的区隔，也是一场舆论战。

其实对美国来说，中国真正的威胁在于，它有成为美国一样的消费社会的潜质。我们知道"修昔底德陷阱"和"中等收入陷阱",在很多美国人看来,中国陷入中等收入陷阱,就是避免中美进入"修昔底德陷阱"的方法,因为那样中国就不会挑战美国了。

对中国来说,我们真正要做的事情是搞好自己的改革,真正做好自己的事情,通过自己的行为改变对方的行为。真正的深化改革是符合我们的国家利益的,像粤港澳大湾区、海南自贸区、知识产权保护这些,真正拿出力度和深度来,资本看到有利可图,肯定会到中国来。

我们要用自己的方式吸引优质资本。从规模经济到质量经济转变,需要很多优质资本。特朗普就是在把优质资本往美国拉。中国通过什么来吸引资本?如果我们自己的资本都往外跑,发展当然成问题。要做大几个平台,营造好环境,留住自己的资本,也吸引外部资本进来。如果中国也可以变成美国一样的质量兼具的消费社会,自然就是具有巨大吸引力的经济中心了,很多国家也自然会进入中国的影响圈。

（摘编自侠客岛 2018 年 7 月 26 日,原题目为《美欧若形成"贸易统一战线"中国如何应对》,采访：公子无忌）

30 多年前的中美贸易战，给我们什么启示

2018 年 8 月 1 日，彭博社援引消息人士称，美国政府考虑对价值 2000 亿美元的中国商品加征 25% 的关税，高于此前宣称的 10%。据称，此举主要是向中国施压，令其回到谈判桌上。

这也不难理解。早先，就有专家表示，目前并不是谈判的好时候。一方面，美国与欧盟关税的问题还有待发酵，与中东和俄罗斯等国的石油、安全问题都可能有新动向；另一方面，据哈德逊研究所中国战略中心主任白邦瑞透露，白宫国家贸易委员会主任纳瓦罗很可能将于几个月之后来中国。

粗粗算来，从美国挑起中美贸易摩擦到中国应战，中美贸易战的阴影盘旋在国人心头已有半年多。对中国来说，接下来无疑也将有一场比较艰苦的斗争。

但必须明确的是，这轮中美经贸摩擦并非首次。从历史上看，近代以来中国的对外经贸争端中，美国从未缺席。事实上，改革开放以来第一场贸易战、甚至是新中国成立以来第一场贸易战，还是邓小平同志主政时期打的。

历史脉络

在近代以来的中国对外经贸争端中，美国始终扮演着举足轻重的角色。而且，美国挑起对华贸易争端浪潮，通常都与当时其经济、外交战略变动紧密相关。

这其中创伤最为深者，莫过于美国政府 1934 年制订实施的《购银法案》。彼时，中国还是世界上仅存的银本位大国，然而该法案要求美国政府持续高价收购白银，最终引发了中国白银流失狂潮和全面通货紧缩，结束了南京国民政府建立后的所谓"黄金十年"。

不仅如此，它还终结了自明代以来沿用近四百年的银本位制度，摧毁了当时中国的财政金融体系，为 20 世纪 40 年代中国市场天文数字的通货膨胀扫清了道路。

中华人民共和国成立后，由于前三十年主要实行计划经济，进口都是按照计划执行的，而由于普遍受到西方社会制裁，出口贸易并不发达，因此当时中国很少遭遇贸易战。

严格来说，贸易战主要是改革开放的产物，而揭开这一大幕的正是美国。

1979 年 7 月，中美两国签署中美贸易关系协定，建立正常经贸关系。当年，美国便单方面宣布对中国 7 大类出口纺织品实行限额。第二年，两国就走到了贸易战的地步：美方在纺织品贸易协定谈判中，要求降低中国大陆的配额年增长率，中方不愿单方面让步。谈判破裂后，美国单方面宣布对中国纺织品实施新配额，中国则宣布减少或终止购买美国棉花、化纤和大豆。

尽管双方最终于 1983 年 9 月达成了第二个纺织品贸易协定，但中美贸易摩擦的帷幕也就此全面拉开。

在 1982 年 9 月召开的中共十二大上，邓小平同志曾在开幕词中铿锵有力地说出："任何外国不要指望中国做他们的附庸，不要指望中国会吞下损害我国利益的苦果。"联系当时的经贸环境，邓小平所说的"损害我国利益"，无疑也包括美国主动寻衅挑起贸易战。

毋庸否认，当时中国整体经济实力与美国差距悬殊，1980 美国的名义 GDP 相当于中国的 9.4 倍。但得益于中国政府在这场贸易战中采取的果断措施，双方最终赢得了比较合理的新纺织品贸易协定，为此后中国纺织业、外贸发展创造了较好环境。

当初坚决维护中国权益与推进改革开放并行不悖的做法，也给今天的我们许多启示。

"怀璧其罪"

以 1979—1983 年中美纺织品贸易战为开端，中国也在不太长时间里跃居全世界贸易保护主义最大受害者——"蝉联"全世界反倾销、反补贴等贸易救济措施最大目标国，迄今近 30 年之久。

可以预见，即使在成功应对解决了这场贸易战之后，未来中国与其他国家、特别是与美国的形形色色贸易战也不会断绝。

为什么？

木秀于林，风必摧之，只要中国经济贸易成长业绩优良，贸易摩擦压力就注定如影随形。毕竟，在经济成长的"中国奇迹"中，"外贸奇迹"堪称最辉煌的篇章。

根据联合国贸发会议统计数据，在新中国成立前夕的 1948 年，中国出口占全球出口总额比重仅有 0.89%，而同年美国这项指标高达 21.59%，同为发展中国家的印度也有 2.21%。

但 1978 年以来，中国外贸增长速度持续高于经济增速，在全球贸易中所占份额才持续幅度提升。1981 年，中国出口占全球出口总额比重突破 1% 而达到 1.09%。2015 年，中国这项指标达到 13.76%，为近代以来最高峰。2016（13.09%）、2017（12.77%）两年，中国这项指标虽然略有下降，但仍然遥遥领先于世界其他国家。中国名义 GDP 总量与美国之间仍然存在近 60% 的差距，但货物贸易出口已经连续多年位居世界之冠。

正因为如此，中国被国际社会公认为近 30 年来经济全球化的最大赢家，"外贸奇迹"，也堪称改革开放以来"中国奇迹"最辉煌的篇章。取得了这样的成就，遭受一些贸易战压力，自然也正常。

政策取向

当然，其根本原因则在于美国方面。更进一步说，是其贸易逆差等宏观经济失衡，这不仅导致其与各贸易伙伴的经济争端越发凸显，更加剧了美国对中国这个新兴大国防范、遏制之心。

第二次世界大战之后初期，顺差是美国货物贸易收支的常态。1968 年之前，仅 1959 年一年出现过 6.01 亿美元逆差，其余历年均为顺差。1968、1969 年，美国货物贸易分别逆差 12.87 亿美元、9.80 亿美元，1970 年顺差 7.97 亿美元，1971 年逆差 47.93 亿美元，1972 年货物贸易逆差翻番至 96.63 亿美元，逆差从此成为美国货物贸易收支的常态。

无需否认，尽管有贸易保护主义的"前科"，但第二次世界大战后初期美国确实充当了全球贸易自由化的"领头羊"，在此前 60 年里主导制定了 75% 以上的现行国际贸易规则。

然而，随着货物贸易逆差从 20 世纪 70 年代初开始成为常态，美国贸易政策发生了实质性转折。

1978 年，卡特总统在他的第一篇国情咨文中提出："自由贸易也必须是公平的贸易。"1985 年 9 月 23 日，里根总统在《贸易政策行动计划》中正式提出"自由和公平贸易"的概念，并组成贸易反击小组；后冷战时代上台的克林顿政府，更前所未有地把"经济安全"作为外交政策的首要目标，公开宣称："把进行公平贸易作为扩大贸易的国家经济战略的一部分。"此举彻底完成了美国贸易政策从自由贸易向公平贸易的转变。

此后，小布什、奥巴马两位总统，向世界几乎所有主要经济体贸易开战，特朗普则首次在国安战略报告中将"经济安全"纳入"国家安全"范畴，将美国的公平贸易政策推向了新高峰。

所谓"公平贸易"政策，其基本逻辑是，认为美国市场开放度远远高于别国，别国一方面广泛运用倾销、出口补贴等不正当竞争手段挤占美国市场，另一方面筑起重重壁垒，将美国商品、服务和资本拒之门外。其主旨是一方面调整国内经济产业，从根本上增强美国经济竞争力，另一方面由政府出面消除贸易伙伴"不公平的贸易政策"，为美国商品、服务和资本打开有利可图的海外市场大门。

其一些论点未必完全没有道理，问题是在美国一贯的单边主义作风之下，别国的措施"公平"与否，完全由美国单方面认定，这就使得"公平贸易"政策不得不慢慢沦为贸易保护主义者的大棒。

"遏制"策略

不仅如此，由于山姆大叔是个守成霸权，占据国际经济政治霸主地位已经70余年，因此必然格外警惕防范新兴大国挑战其霸主地位。

美国对中国的种种指责，归根结底是一个守成大国对新兴大国的防范遏制。

一般来说，守成大国遏制新兴大国策略，首选制造内乱，其次离岸制衡，最终选择是硬实力对抗。其中，制造内乱包括三方面内容：诱导新兴大国内战、扶植"民运"势力开展"和平演变"、以民族宗教问题为突破口

贸易摩擦前瞻及启示

制造内乱。离岸制衡包括政治军事冷战和冷战后的经济制衡。如当时美国在亚洲组织所谓"共产主义防波堤",大力扶植日本、韩国。硬实力对抗策略则包括军事热战、经济竞争,而经济竞争最直接的表现就是贸易战。

自新中国建立以来,美国对新中国首先采取了硬实力对抗之热战策略,其结果是朝鲜、越南两场战争失败,中国则借此一举扭转了鸦片战争以来的积贫积弱、任人欺辱的形象。美国遏制中国策略重心,随之转向离岸制衡之政治军事冷战,但结果是中国在贸易禁运中自主建成了基本完整的工业体系,而且打破了外交封锁。

当贸易和外交封锁策略失败、美国为了对付苏联不得不转向与中国关系正常化时,美国遏制中国策略的重心随之转向制造内乱策略。不过,这最终也遭遇失败,并在很大程度上演变成中美两国的"自伤性竞争"。

在这种情况下,美国遏制中国的策略重心不能不转向硬实力对抗之经济竞争策略。中美贸易争端频率加密,烈度上升,其来有自。也正因为如此,当前的中美贸易战不是一起事件,而是一个阶段。

就当前而言,在近二十年来的美国总统中,特朗普最重视重建美国实体经济部门,其政治基础最倚重美国实体经济部门,企图通过贸易保护重建美国实体经济部门产业链,在对外谈判中也表现出了鲜明的"滚刀肉"风格,喜欢玩弄恫吓术,所以第一个回合就搞出对 500 亿美元进口额加征关税的大招,进而又威胁要对 5000 多亿美元进口中国商品加征关税,这在以前的美国总统中是不可想象的。

特别要注意的是,美国选举年、经济萧条年也是中美贸易战高风险年。2018 年正值中期选举年,美方对中国发动了这场贸易战。2020 年正值美国总统大选,而且按照美国经济周期运行规律,2020 年美国经济很可能陷入萧条,甚至再次爆发次贷级金融危机,届时中国是否会再次面临超大规模中美贸易战?中国反危机政策调控空间何在?对此,我们需要前瞻性。

贸易战本身不是好事,但又是中国经济成就的另类证明。为避免贸易战，维护和发展中美关系，多年来我们付出了巨大的努力，直到贸易战爆发前的最后一刻。

既然事实已经证明某些事情不以人的善良意愿为转移，那么合理的选择就是挺身迎战。我们既要应对外部压力的挑战，又要把贸易战和防范系统性金融风险作为一场难得的"压力测试"，发挥我们体制擅长集中力量办大事的优势，以此为切入点推动改革和扩大开放，不断提高我们的效率，自强不息。

邓小平同志在中共十二大上的这段开幕词依然值得重温：

"中国人民珍惜同其他国家和人民的友谊和合作，更加珍惜自己经过长期奋斗而得来的独立自主权利。任何外国不要指望中国做他们的附庸，不要指望中国会吞下损害我国利益的苦果。我们坚定不移地实行对外开放政策，在平等互利的基础上积极扩大对外交流。"

（摘编自侠客岛 2018 年 8 月 1 日，作者：梅新育）

中美贸易摩擦到底造成多大影响?
中国下一步怎么打贸易战?

美国总统特朗普于美国时间 2018 年 9 月 17 日宣布将对产自中国的 2000 亿产品加征 10% 关税，一周后的 9 月 24 日生效。这一税率实行到年底。2019 年 1 月 1 日起税率将提高到 25%。中美贸易摩擦愈演愈烈。中国经济如何应对? 或许，著名经济学家、清华大学教授魏杰 9 月 7 日针对中美贸易摩擦与国内金融风险两大问题发表的演讲，对大家会有启发。

中美贸易战是大家现在非常关注，也是影响我们目前经济的重要问题。对贸易战的关注，主要集中在两个问题:

问题一：这次中美贸易战，对我们到底造成了多大的影响?

实际上，如果从经济本身来讲，影响并不是太大。如果 10 年前打贸易战的话，我们当场就会趴下，我们没有力量来打。因为 10 年前，我们国家发展战略是出口导向型经济增长方式。2007 年，我们对出口的依存度接近 70%。

但是后来发生一件事，就是 2008 年的美国经济危机。美国经济危机对中国既是好事也是坏事，实际上对中国一个重要的影响就是我们终于发现，像我们国家这么大的经济主体，依靠出口来增长，显然是不够的。

2008 年经济危机之后，中国调整战略，从出口导向型转向内需拉动型，整整调整 10 年。2017 年底，我们对出口的依赖度已经从 70% 降到了 10% 左右。2017 年我们 GDP 总量是 82 万亿，出口的贡献是 8 万亿左右，这 8 万亿左右里边美国贡献了 1/3。

所以，如果贸易战打到底的话，我们对美国一分钱都不出口，对我们 GDP 增长的影响为 0.2%—0.5%，最大影响到 0.5%。0.5% 我们还承受得起，假定 2018 年 GDP 增长幅度为 6.5% 的话，最多降到 6%。

中国为什么一再讲对贸易战我们有底气、有信心，原因就在于我们的战略已经发生了重大变动。从 10 年前的出口导向型已经转向了内需拉动型。所以，特朗普老说他们前任总统：就是你们太笨了，应该 10 年前对中国动手，现在动手已经晚了，一动手，（中国）就反击你。

虽然贸易战就经济影响本身来讲不是太大，但是情绪影响非常大。

大家看，只要美国一加关税，第二天中国股市一定大跌。股民老问我：为什么受伤的总是我们？我们又没对美国出口什么，原因就是情绪影响太大。股市是最受情绪影响的事，而且已经影响中美双方的情绪了。你现在去美国，跟 10 年前就不是一个感觉。最近美国朋友来北京，我请他们吃饭，最后相互拍桌子，不欢而散，情绪影响非常大。

情绪影响一旦严重，我估计会传染到别的领域，那就不仅是贸易战的领域，可能会影响别的地方。

现在人们有一点担心经济的问题，整个社会的情绪影响非常大。我们心里要有一个底，实际影响不是有人想象的那么大。但经济影响辐射到社会各个方面，这个恰恰是我们要关注的问题。

问题二：中国下一步怎么打贸易战？

最近美国已经正式宣布要启动对中国另外 2000 亿美元（出口）美国的产品加征 25% 关税，但中方已经讲：你们要打，我们就反击。问题是美国现在对我们出口 1300 亿美元，已经打了 600 亿美元（注：8 月 3 日，商务部公告称对原产于美国约 600 亿美元商品加征关税），就剩下 700 亿美元。

而 700 亿美元商品中的有一些是不能打的。比如手机触摸屏玻璃板，中国是最大的生产商。像湖南有一个企业，生产量非常大，我到这个企业调研，他们告诉我说，虽然中国是手机屏幕最大的生产国家，但是原材料来自于美国，我们不会生产这个原材料。你想，这种产品我们不能加关税。

这样一来，我们实际上就剩 700 亿美元左右，而美国要对 2000 亿美元（原产于中国的商品）加关税，我们反击它，实际上"子弹"已经不多了。所以，我估计中国要打中美贸易战的话，战略就是"你打你的，我打我的"。怎么样"你打你的，我打我的"？我估计我们一定会做四件事——

第一件事，全方位开放。

中国讲，走向全方位开放，用全方位开放来抵抗美国贸易战对我们的影响。全方位开放，就要准备开放三大市场：

1. 物质产品市场

最近释放了四个计划：

（1）降低市场准入条件，最近国际产品进入中国市场的准入条件大幅度降低了。

（2）降低关税，从汽车一直到日用产品。日用产品涉及 1000 多类，降低关税的比例是 55%。

（3）海南岛成为自贸岛，整个岛取消关税。

（4）在上海成立永久性进口贸易博览会，广州的是出口贸易博览会，上海的是进口贸易博览会，2018 年 11 月初将全面启动。

这四个信号就告诉整个世界，中国将要全方位开放物质产品市场。物质产品市场一旦开放，一定会产生两个效果——

一是刺激国内消费。国内消费一定会受到很大的刺激，我建议喜欢奢侈品的同志先别着急买，再过几个月，会很便宜。过去贵的原因是关税很高。这么多的奢侈品进入中国，一定会刺激国内的消费。

二是提高供给水平。一旦好产品进入中国，会提高中国的供给水平，推动整个中国经济的增长。

2. 全方位开放的第二个市场就是服务市场，包括金融、教育、医疗等

从我们正式提出金融开放，海外金融机构在中国银行、证券、保险基金、期货的持股比例放宽到 51%。而且教育也想全方位开放。

服务的关键是人要进来，所以国务院成立新的移民局，目的是什么？就是人要进来。物质产品开放是海关的事，让人进来是移民局的事，要推动整个服务业的开放。我估计外国的医生来中国工作，外国的教师到中国来教学都是接下来很快会发生的事。

3. 开放投资市场

国务院最近修改了外资进入中国的负面清单。所谓的负面清单，就是指"什么不准干"，过去的负面清单是 60 多项，这次降到了 42 项，大量投资将会进入中国。

所以，全方位开放未来的运作，大致上将开放三大市场：物质产品市场、服务业市场、投资市场。美国在搞孤立主义，我们用全方位开放来应对。

第二件事，加速推动"一带一路"建设。

既然美国不要中国的产品，禁止中国的投资到美国，我们得寻找新的出口、投资目的地，那就是"一带一路"。

"一带一路"包括了三大洲（亚洲、欧洲、非洲）和两大洋（印度洋、

太平洋），没有包括北美和大西洋，因为我们避开了和美国的直接冲突，要开拓新的产品市场和投资市场。

从国家层面来讲，要推动"一带一路"建设，一定要做好三个服务才行。

一是金融服务，为中国企业产品走出去，提供金融服务，所以成立亚投行，为"一带一路"建设搞金融服务。

二是基础设施建设，因为中国产品要出去，投资要出去，基础设施必须配套才行。最近我去新疆才知道，新疆现在吃的海鲜不是来自太平洋，而是来自印度洋，就因为印度洋瓜达尔港到新疆喀什的高速公路打通了。

所以，未来企业讨论的问题将是供应链和基础设施，谁能建立一个新的供应链、维系供应链，谁就是未来。供应链的背后是基础设施支持，中国加大了"一带一路"的基础设施投资，是为中国产品和企业走出去服务的，这是我们第二个要做的事。

三是法律服务。最近我们成立了一个特殊法院，叫"一带一路"法院，专门为中国产品、企业走出去搞法律服务。

所以我们搞"一带一路"，这三个方面的服务必须跟上。现在我们大资本用得比较多，未来更需要的是大量的中小资本走出去。2017年7月份，我去东欧五国调研就发现，那里大量活跃着中国中小资本，像物流、便利店、零部件配套这种。2018年8月份，我去非洲调研，到了摩洛哥，发现大量的中小资本也已经走出去了。

五年时间，我们跟"一带一路"沿线国家的贸易总额已经超过5万亿美元。大家看到"一带一路"将为中国未来的发展，提供巨大的支持。我想，未来我们许多服务业要琢磨一下为"一带一路"服务的问题，产品和资本将大量走向"一带一路"，既然美国阻止中国产品进入美国，我们加速"一带一路"合作，将非常有意义。

第三件事，稳住外汇。

外汇不能出问题，外汇一旦出问题，我们将全盘皆输。稳住外汇有两个目标。

目标一，人民币不能持续贬值。我估计就是不能破7，破7了就是持续贬值，不破7就是没有持续贬值。虽然没有任何机构宣布这条指标，但是通过最近观察，发现给大家的概念就是这个意思。之前，我们发现人民币贬值快接近7了，我当时很紧张。结果不到两个小时，反弹回来了，我知道中国人民银行进行调控了。从最近的一系列举动来看，很明显就是不能破7。

目标二，外汇储备量不能持续减少。外汇储备量不能持续减少有一个指标，就是不能少于3万亿美元。只要外汇能稳住，那么中美贸易战对我们的损害不会太大。怎么稳住外汇呢？我想，不外乎有三个办法。

一、外汇改革。我们已经承诺放开的，会继续放开。比如出国求学，生活费、学费没问题，包括未来我们搞的一些对自贸区企业的外汇上的便利，也没有问题。但是对个人来讲，海外不动产、海外证券、海外投资类保险等三项海外投资，基本上叫停了。不仅叫停了，而且会进一步收紧。

现在海外刷银行卡，单笔消费超过1000元人民币连续21天，就要立案调查了。查一下，你是正常消费还是转移资金。再者，过去海外提现没有限制，最近正式宣布，一个人一年的海外提现数量上限就是10万元人民币。2018年8月又宣布了一件事，就是把远期外汇交易的风险准备金率从0提高到20%，银行要卖100美元的话，它的20%要交给中央银行，作为风险准备基金。

二、海外并购监管。对技术类的海外并购进行支持没问题，像海外收购的芯片制造企业、半导体企业等，要多少外汇给多少外汇。但是非技术类全面叫停了，像海外买酒店、海外买足球俱乐部、海外买影院等，不仅叫停了，买了这些东西的企业，外汇怎么倒腾出去，现在怎么倒腾回来。

三、"一带一路"投资。主要是用人民币投资，不再动用外汇储备了，因为要稳住外汇。海外用人民币投资，实际是所谓的一箭三雕：一是能够稳住外汇储备，不会消耗外汇；二是推动人民币国际化；三是刺激国内经济，因为原材料在国内。

总体来讲，稳住外汇的基本办法就这三条，外汇基本属于收紧状态。

第四件事，保持国内经济稳定。

我们打中美贸易战要做的第四件事，就是保持国内经济的稳定。怎么来保持稳定？

1. 财政政策要更加积极

2018 年我们一件重要的事是防范金融风险，而防范金融风险导致货币政策的作用受到限制。但是财政政策还有余力，所以要加大财政政策的力度。现在很明确提出来，财政政策一定要做到两件事：

（1）减税费

大家注意，减税费一定要落实到 2018 年。2018 年初的时候，国务院定了 2018 年减税费 1.3 万亿元，未来一定要落实这个数字。同时最近还可能出台一些新的政策，技术创新投资可以减免税收。

最近有一件事，员工的社保要由税务局来收。这一来，可能会加大许多企业的负担，尤其是中小企业。所以，最近（管理层）在紧急讨论关于降低社保缴纳费率的问题。因为如果继续增长税费的话，中小企业压力会很大的。所以，要进一步减少税费，我估算了一下，今年差不多会减税 1.5 万亿元。

（2）加大财政投资

财政投资未来不能搞金融性投资，主要是基础设施组织。2018 年初国务院定下来，2018 年基础设施投资有 1.3 万亿元，由募集社会资本完成，就是以发债券方式完成。虽然现在有债务违约问题，但是国家所定的债权还必须加速推动。募集资金差不多达到 1.5 万亿元。最近所讲的 3 万亿元投资就是指：税费减 1.5 万亿元 + 基础设施投资 1.5 万亿元。

最终干吗呢？刺激经济。所以财政政策，未来几年将会更加积极。

2. 加快经济结构调整

中国必须要加大对新兴产业的支持力度，到现在已经定下来，中国未来二十年内增长的主要产业有三个：

（1）战略性新兴产业

新能源、新材料、生物工程、信息技术和移动互联网、节能环保、新能源汽车、人工智能、高端装备制造，这八个战略新兴产业要加快推进。国家将加大投资力度，也将释放市场的作用，来推动它。

市场的推动力量和国家投资力量要加速推进，尤其是在对待民营企业的创新上要加大支持。比如，最近人工智能方面有一个重要突破，医疗影像把人的五脏六腑照得清清楚楚，看病不一定见大夫，传过去就行了。

大家注意，在这八个要点上，国家已经不分民营企业还有国有企业，做得好的都会获得国家投资支持，加速推进产业的发展。

（2）服务业

服务业必须加速推动，包括消费服务业、商务服务业、生产服务业、精神服务业。服务业未来为中国的这种贡献非常大，2017 年我们第一次出现消费的贡献超过了投资，为什么？因为服务业发展很快。我估计税费减免上，服务业一定会有新的优惠政策。

（3）现代制造业

现代制造业将是未来对中国贡献非常大的产业，目前已经明确了五个发展重点：飞机制造与航天器制造；铁装备制造；核电装备制造；特高压输电装置；现代船舶和现代海洋装备制造。

上次一个研讨会上，有民营企业家问：魏老师，好像没有我们的事。我说：你错了，给你提供了巨大的机会，为什么呢？未来企业不是去直接生产这五个领域的产品，分工协作是未来社会的主流，这个产品是谁生产的，说不清楚。

你想，大飞机有 600 多万个零部件，涉及近百个行业、众多的中小企业，上海有家生产大飞机的集团，只干一件事——设计和组装，所有零部件都是招标采购，谁搞得好就买谁的。

所以，民营企业只要有生产能力就行，不在于生产什么，关键是你生产能力怎么样。从传统产品生产到分工协作，是个巨大变革，未来大家请注意，中国民营企业必须改变商业模式，有技术分工体系才行。

这五个要点一旦起来，给我们每年提供的 GDP 总量应该在 30 万亿元以上。最近我看一个报告，战略性新兴产业 40 万亿元以上，服务业 36 万亿元以上，现代制造业 30 万亿元以上。我们之所以预计到 2030 年中国超过美国成为世界第一大经济主体的原因不是对现有产业的统计，是对未来产业的统计。

应对总结

总结起来，中国打贸易战一定是"你打你的，我打我的"，估计最少要做这四件事：全方位开放，力度一定会加大；"一带一路"倡议必须加速推进；一定稳住外汇，外汇不能出事；国内经济保持一定的刺激、增长。

中美贸易战问题确实有影响，但是建议大家不要把它看得太重，虽然外汇受到一定影响，也不要过度恐慌，我们还是有自身的设计和做法的，大家不必紧张。

以上就是关于中国经济，目前大家最关注的中美贸易战。第二个大问题是内部的问题，今年我们有三大战役：防范金融风险、扶贫、环境保护。

对经济本身影响最大的一件事就是金融风险，2018 年初的时候，我们对于防范金融风险提出来几条对策：

1. 去杠杆

2017 年 GDP 总量是 82 万亿元，乘以 250% 就是我们整个社会的负债，差不多 210 万亿元。这个负债确实太高了，远远超过国际红色警戒线，有人推算过，杠杆率超过 GDP 总量 270%，将会引爆一场金融风险，导致中国经济最少倒退 5—10 年。

所以，中央决定要去杠杆，就是防止债务危机导致金融危机。2018 年初定下来，现在搞了半年了。2018 年 7 月 31 号，国务院开了一个会议，对于去杠杆政策有所调整：

（1）控制好去杠杆力度

过度去杠杆可能会引发整个经济运转出问题，或者说缺钱了，都没有钱了。为什么？在金融为主的国家，一旦去杠杆力度太大的话，整个社会可能撑破了甚至崩盘。所以才强调，要控制好力度。

这句话是啥意思？我判断，这次去杠杆，不是要一下达到目标，而要通过一个过程达到。比如说三年内，2018、2019、2020 三年时间慢慢把杠杆率从 250% 降到 200%。

我算了一下，如果杠杆率从 250% 降到 200% 的话，就是 40 万亿元人民币，一年是 13 万亿元左右。13 万亿元的负债去掉，我觉得社会承受能力还是可以的，这样力度就比较好一点。如果太厉害的话，可能会导致我们整个社会资金非常短缺，可能会出问题。2018 年上半年太猛了，下半年资金紧张情况一定会得以缓解。

（2）结构性去杠杆

所谓结构性去杠杆，就是谁的负债太高，就先解决谁的问题。现在看，结构性去杠杆的重点有两个：

一是国有企业。民营企业已经不是重点了，国有企业是重点。所以说，2018 年下半年我们对国有企业改革有两句话，一个叫确定主业，一个叫混合经济。

确定主业意味着，非主业资产要用来还债。所以民营企业注意，未来一段时间，好多资产会很便宜的，因为国有企业要还债，非主业的资产必须卖掉。另外一个混合经济，希望民营企业能够介入其中，降低国有企业的负债率。民营企业进来，等于把分母做大，负债率就降下来了。

这两条是为了解决国有企业负债太高，推出来的改革措施，对民营企业将是一次重要的机遇，2019 年（效果）可能就会充分显现出来。

二是地方潜在债务。地方潜在债务形成一个主要原因，一个是开发区，一个是所谓的 PPP 项目，这次大家看到，政策出台了，掐断了所有开发区贷款项目，银行一律不给开发区贷款。为什么？因为开发区到底是企业还是政府得搞清楚，开发区实际是政府，它以企业形式出钱，开发区基本靠贷款扶持，现在下定决心全面掐断了。

另外一个 PPP 项目，财政部把 1.8 万亿元剔除了 PPP 项目，不给 PPP 项目贷款，为什么？一定要控制好地方潜在债务的增量。

2. 治理金融乱象

这次治理金融乱象的重点是两种技术，一个是互联网技术，已经开始在解决了。我们国家差不多有 1000 个左右的所谓互联网金融公司，当时批准它们成立时候，它们是一个信息中心。所谓信息中心就是有钱就花，没有钱的在这个平台上发布信息，然后完成撮合功能。但是后面这些公司变成信用中心，信用中心就是金融机构，但是它们没有牌照不接受监管，结果出了大量的乱象。

所以，这次治理正式宣布，你要成为信用中心，第一要有牌照，第二要接受监管，否则你就别做了。

大家看，好多平台爆雷，差不多 2000 亿元左右吧，如果不解决，让它们继续膨胀，未来可能就会很麻烦。我看了一下，被治理的大部分是民营企业，但是没办法，为了防范风险只好这样做了。当然对老百姓、投资者来讲很麻烦，但是总体来讲，是要把它治理了。

另外一个新技术就是区块链，区块链技术引发的比特币、数字货币平台，全面清理，央行正式宣布，比特币必须赶出中国。中国关闭了所有数字货币平台，而且央行最近宣布，不准以区块链技术进行非法融资，目前已经得到控制了。

像所谓的比特币，好多人现在陷进去，必须想办法尽快解决问题。有一次我在首都机场等飞机，发现一个小伙子，西服、领带穿戴很整齐，对几个人讲比特币（这几个人一看就是民营企业老板），告诉他们一定跟着买，比特币未来会涨到一个币卖七万美元……

我实在忍不住了，过去拍了一下小伙子的肩膀，我说：你出来一下，我有点事跟你聊聊。把他叫出来后，我说：你不要给他们洗脑袋好不好，民营企业赚钱不容易。小伙子回我一句话：他们不进来，我怎么解套？

大家看，这事终于正式宣布了，一律不允许。因为早爆（雷）比晚爆（雷）好多了，晚爆搞不好就会转变为系统金融风险。

3. 加大宏观审慎政策力度

2018 年 8 月底，我们的货币增长速度只有 8.5%，而在过去，年平均增长 17% 以上，确实控制住了，而且坚定不移。虽然各种利益集团代表要求放水，但是中央非常坚定，不放水，要解决问题。

另一个宏观审慎政策是，防止市场得传染病，给市场"打隔断"。房地产市场一旦出问题，不能传染给别人。传染给别人的话，就会引爆金融风险。

这里提醒大家，对房地产问题还要谨慎，因为 7 月 31 号的中央政治局会议的政策定调中，唯独一个提的更严厉了，那就是房地产。以前是抑制房价过快上涨，现在改成坚决控制房价上涨，不是过快，上涨都不行，后面一句话是推出各种长效机制。

总体我的看法是，中国能防止这次金融风险，我觉得中国还是有竞争力的，别把我们想得都很笨，实际上我们有精英。系统性金融风险在中国的爆发的可能性基本不大。

未来是艰难的三年，2018 年、2019 年、2020 年，这三年时间只要不爆发金融风险，最后结果一定会推动我们整个社会的发展。金融风险这个问题，不要过度地紧张。最近大家预期总不好，一直在紧张，建议大家预期还是要好一点。只要有信心、措施得力，中国一定能逃过这一劫。

（摘编自侠客岛 2018 年 9 月 16 日，原题目为《一位经济学家对当下局势的通盘思考》，作者：魏杰）

中国对外开放的时代意义

> 未来中国经济实现高质量发展也必须在更加开放的条件下进行，这是中国基于发展需要作出的战略抉择，同时也是在以实际行动推动经济全球化造福世界各国人民。

2018年4月10日，习近平主席在博鳌亚洲论坛2018年年会开幕式主旨讲演中强调，中国开放的大门不会关闭，只会越开越大。过去40年中国经济的发展是在开放条件下取得的，未来中国经济实现高质量发展也必须在更加开放的条件下进行，这是中国基于发展需要作出的战略抉择，同时也是在以实际行动推动经济全球化造福世界各国人民。

我们应当从以下三个方面认识这一重要思想的深刻内涵。

一、扩大对外开放是中国经济高质量发展的必然要求

2018年正值中国改革开放40周年。过去的40年中，中国的对外开放取得了举世瞩目的重大成就，对于促进改革和发展发挥了十分重要的作用。

但是，我们必须清醒地认识到，中国目前的对外开放和适应错综复杂外部环境变化、培育参与和引领国际竞争合作新优势、助力中国经济高质量发展的需要相比，还存在一定差距；对外开放的广度、深度和力度不充分、不平衡仍然是当前的主要矛盾。

例如，当前中国服务业开放不足，是导致金融、电信、物流、教育、医疗等现代服务领域缺乏创新和竞争能力，难以满足老百姓上学、就医、出行、文化服务消费不断增长的需要等许多问题的重要原因。按照经济合作与发展组织（OECD）公布的 2016 年外资限制性指数。中国在调查覆盖的 62 个国家中，综合限制性指数值排名第四，服务业限制性指数更是高居第二位，仅比刚列入调查对象的缅甸略好。另外，汽车及部分日用消费品关税过高，也是造成国内外价差悬殊，消费者大量海外购买的重要影响因素。针对这些问题，中国正在全面落实习近平主席宣布的开放举措，大幅度放宽服务业关键领域市场准入、主动降低商品进口关税等积极行动已经展开，今后还应当长期持续和进一步拓展范围。

二、中国不断扩大对外开放将为经济全球化注入持久动力

从国际环境来看，美国大搞单边主义和贸易保护主义行动，随意践踏世贸组织规则，打压贸易伙伴国家，严重损害了经济全球化的发展环境和合作基础，为正在回升中的全球经济和贸易投资增长蒙上了阴影。长期以来，美国的市场开放为全球许多国家创造了发展机遇，自身也获得了巨大实惠。但自从特朗普执政以来，在美国优先战略的引领下，这一互利共赢格局正在被迅速颠覆。一个简单的计算表明，按照 2016 年的水平，全球对美国的出口大约占全球其他国家出口总额的 15.3%。由于钢铝关税、对华301 措施等以及今后还可能追加的贸易保护主义措施的影响，美国的进口每减少 10%，其他国家的出口将相应下降 1.5%，国内生产减少 2088 亿美元，

经济增长率平均下降 0.37 个百分点。加上乘数和叠加效应，这一影响会扩大 3—4 倍。中国也是全球重要的贸易大国，不断扩大开放的实际行动，将彰显中国参与和推动经济全球化进程的坚强决心与信心，为促进开放、包容、普惠、平衡、共赢的新型全球化发展创造新动能，这是更好应对国际形势变化、改善全球发展环境的迫切要求。

三、实施更加开放的政策有利于夯实构建人类命运共同体的合作基础

实现习近平总书记提出的推动构建人类命运共同体目标，离不开建立在互利共赢基础上的国际合作关系。作为全球第二大经济体和数一数二的贸易投资大国，中国全面提升对外开放水平，将为世界各国通过扩大对华贸易投资合作、分享中国发展红利创造更多机遇。这是中国主动承担新兴大国责任的重要体现。

按照国际货币基金组织 2016 年 GDP 统计，中国经济总量占全球的 14.8%；而从中国对全球增长的贡献率来看，2016 年达到 35%，即全球三分之一的经济增量来自中国的贡献。由此可见，中国经济自身的发展、对于稳定全球经济形势具有无可替代的作用。

但是，一个国家自身的经济增长并不必然会产生或增加正面外溢效应、并不一定会对其他国家的经济增长产生直接推动作用。前提是在坚持开放政策的条件下，才有可能通过进口扩大、跨境投资获益机会增加等途径，将自身经济发展效应传导到其他国家，增加伙伴国的经济和就业增长的机会。

做一个简单的测算，根据 WTO 统计 2016 年数据计算，中国进口占中国以外全球出口的 10.2%，如果由于市场开放程度提升导致进口增长 10%，将会为其他国家带来总额大约 1392 亿美元的出口增长，相当于这些国家国

内生产增长率平均提升 0.21 个百分点；加上通过产业分工链形成的叠加和乘数效应，这一结果还可能扩大 3—4 倍。另外，按照中国 2016 年对外投资金额换算，中国对外投资每增加 10%，会为其他国家带来 170 亿美元左右的新增直接投资。这些还仅仅是更加开放政策外溢效应中的一小部分，而且中国的进口和对外投资还有可能实现更大幅度的增长。

上述测算说明，一个国家的经济发展对其他国家的外溢效应如何，在很大程度上取决于这个国家开放政策的走向。大国经济由于开放政策不同产生的外部效应差异尤其显著。因此，中国更加开放的政策必然会为其他国家带来更多分享中国发展红利的机会，其他国家可从扩大出口和投资增长中获得实实在在的好处。

（摘自海外网 2018 年 6 月 29 日，作者：赵晋平）